中國古代宮廷女性的愛慾情仇

愛恨帝王家

葉言都 著

春秋戰國篇

深宮妃后意纏綿　往事滄桑豈化煙
一部情仇恩怨史　女人撐起半邊天

推薦序

從情慾理解精彩的時代

胡川安－國立中央大學中文系助理教授

慾望是推動人類的力量，人類是慾望的動物，而情慾又是其中的關鍵。如果情慾沒有界線，可能還不會如此吸引人，然而，我們的文明給予情、慾、暴力加以束縛。輕則以禮俗、重則以律法，強加在人類的天性之上，讓慾望成為可想而不可得的產物。

慾望對人類相當重要，然而透過情慾理解的歷史卻相當缺乏。近來相當多的宮廷劇都著重於情慾的描寫，還有後宮嬪妃間的勾心鬥角。做為一個專業的歷史研究者，經常有人問我宮廷劇中所演的真實性。我通常都回答說：「宮廷劇是虛構出來的，然而，真實存在歷史中的情慾更為精彩，且更加充滿張力。」

宏觀地理解中國的歷史，情慾因為國家的法律和社會習俗的日趨緊縮，有愈加嚴格的趨勢。明清社會立貞節牌坊，社會有著纏小腳的習俗，宮廷中女性的規範也相當嚴厲。在這樣的歷史脈絡下，女性成為男性的附屬，她們只是男性情慾的一部分。相形之下，唐代以前宮廷女性展現的風華就相當精彩，她們不只是男性的附屬，有時候會成為情慾的主體。

情慾加上權力是古代帝王的優勢，不管長相如何，因為有了權力，女性就得投懷送抱，有點類似現在的金正恩。然而，如果我們想像一個時代，女性有時也被賦予權力，或是她們的情慾鎖鏈沒有如此嚴厲的時候，透過她們，不只展現了情慾，還可以扭轉歷史的方向。

歷史當中的情慾要如何呈現？我們需要仰賴史料給我們的訊息，歷史學家的看門本領就是史料。我們要先挖掘史料，才能了解古代宮廷女性的情與慾。葉言都博士的《愛恨帝王家：中國古代宮廷女性的愛慾情仇》不是宮廷劇，沒有稗官野史，沒有穿鑿附會的情節，裡面都是從古典的史料爬梳出來的材料，不僅言之有物，而且有所本，讓讀者知道真實的歷史比起虛構的宮廷劇更加精彩。

葉言都博士透過史料，有如一個偵探，一個在歷史中遊走的偵探，走入春秋戰國的宮廷，了解宮廷女性的情與慾，講了七個故事。七個故事有兄妹通姦、外籍新娘的不倫、成功男人背後的女人、流轉在不同男人的交際花、悲劇性君主的女人、女王的男人們，還有傳奇商人呂不韋與他的女人。由於太過精彩，在此就不破哏了。

以往我們所認知的春秋戰國是思想奔放的時代，是思想家輩出的時代，裡面有我們所熟知的諸子百家。春秋戰國也是一個充滿機會的時代，平民可以為公卿。這樣一個時代，就是因為自由、奔放、沒有限制，宮廷女性們的情慾也很精彩，如果再加上權力，兩者激起的火花四濺，不只人頭落地，還經常動搖國本也要愛下去。

過去因為我們歷史教育的關係，讓歷史變得無聊。然而，歷史就是我們的過去，是由人所發展出來的故事。世間有多少種人，故事就有多少種。能把歷史說得好的人，也是通透人間事的人。臺灣近來有不少的媒體、網站和書本都在普及化歷史知識。然而，有些說歷史的無所本，有些過於輕佻，有些則完全沒有中國史。葉言都博士的這本書句句有所本，且容易閱讀，讓讀者非常容易進入春秋戰國宮廷女性的情慾世界。透過她們的愛恨情仇，為我們勾勒出一個時代，同時也觀照我們的人性。

前言

權力是偉大的春藥。
Power is the great aphrodisiac.
——季辛吉（Henry Kissinger, 1923~）

人皆有七情六慾。七情六慾永遠不停地發作，古往今來各種悲、歡、離、合的故事，也就隨著人與人之間的關係在各種時空中上演，升斗小民固然深陷於此，達官貴人也無法自外於其間，於是八卦不停出現。

奇妙的是，人與人之間的關係除「感情」、「慾望」、「憎恨」與「合作」、「鬥爭」之外，還有「權力」。當然人即使沒有權力，也會有感情、慾望、憎恨和合作、鬥爭；但在升斗小民的世界裡，這種感情或慾望發生時，鮮少有人注意，這種感情破裂，合作不存，憎恨橫流，鬥爭出現時，一般不過出現情殺案，伏屍二人，流血五步而已，一切仍舊照常運轉。

可是擁有絕大權力的人一旦發生愛、慾、恨，感情起波瀾，轉化為行動時，事態將完全不同。權力的魔杖，可以塑造與瓦解人與人之間的關係，改變人的性格、做事方法和命運。大權在握的人比較有機會也容易做到快意恩仇，使自己的慾望成真。「一朝權在手，便把令來行」之下，愛慾情仇往往如脫韁野馬，不受道德與法律規範，八卦也就洶湧而出。所以總體而言，八卦與權力成正比。誠如英國歷史學家艾克唐爵士（Lord Acton, 1834～1902）早就說過的話：

權力導致腐敗，絕對權力導致絕對腐敗。

（Power tends to corrupt, and absolute power corrupts absolutely.）

同樣地，權力導致八卦，權力愈大的人愈可能出現八卦，這些人擁有的權力，又使他們的八卦產生巨大影響，可能波及千千萬萬的其他人，可以稱為絕對的八卦。帝王將相「衝冠一怒為紅顏」之下，也許會

「伏屍百萬，流血千里」；皇室家族因為男女關係導致父子相爭、兄弟鬩牆之下，也許會家破國亡，全國百姓成為陪葬的芻狗。

不可否認，人類是喜歡窺探別人愛慾情仇的動物，對窺探隱私的渴望與追求，又與被窺探者的知名度成正比。所以不必假裝正經，八卦愈趨向絕對，吸引力愈大，難怪大人物的八卦人人想聽，人人愛看。其實大人物的八卦可以聽，可以看，甚至應該聽，應該看；只是要聽之有法，看出端倪，才會有用，對明瞭人性、認識環境有用。困難的是，現代當權者的愛慾情仇生活固然可能與大家息息相關，但因為當事人與其龐大手下集團的宣傳與掩飾，並不容易全盤了解。大人物真正的八卦，往往被層層遮蓋；一般人眉飛色舞，口耳相傳的小道消息，也可能是有人故意放話造謠。

幸好我們還可以經由歷史研究，將歷史上當權者真實的愛慾情仇還原，用大家都懂的方法敘述，並論及其對歷史的影響，這就是本書主要的內容。對於古代帝王家的愛、慾與恨，八卦之餘，我們應該注意其歷史的背景、發生的原因、造成的影響與值得借鑒之處。通過認識古代當權者的愛慾情仇及其影響，將得以建立我們分析現代當權者愛慾情仇及其影響的基礎與模型，進而成為認知當下環境的捷徑。

對於現在已經身為重要人物，正在掌握大權的個人與家庭來說，古代宮廷的八卦就是一面面的鏡子，不斷提醒家庭各個成員對愛慾情仇問題的處理不可不慎，否則後果不堪設想。對於與權力扯不上關係的普通人而言，則更應該注意觀察與理解當權者的愛、慾、恨，才有助於了解環境，趨吉避凶。

古往今來無數第一家庭揉合著感情、欲望、怨憎和權力的無數悲喜劇中，女性至少占有一半的份量，其地位不容忽視，甚至有時比男性還重要。本書因此決定以女性為主角，採取中國古代宮廷女性愛慾情仇的歷史事件為例，說明身處政治權力頂端，卻也是血肉之軀的宮廷女性們如何愛，如何恨，以及因為她們的愛慾情仇，對她們自己和他人造成何種影響，從而寫下一頁頁的歷史篇章。

本書是歷史書，作者是學歷史出身的人，在選取材料與敘述內容上，都遵循歷史學應有的方法與原則。對於從古至今無數以煽色腥為目的，以想當然耳為內容，為八卦而八卦的作品與說法，本書不會採用。像《趙飛燕外傳》、《昭君怨》等等裡面那些活色生香的豔情、肝腸斷裂的哀怨，本書裡面都不會有。即使歷史小說如《東周列國志》等，其內容沒有史料支持的虛構部分，本書也不取用；現代的宮廷劇，以及網路上不計其數的文章，更全部比照辦理。本書提供的宮廷女性故事都有史書根據，必要的原典，也會特別引用，以昭徵信。對某些題材如果史學界有不同的看法或解釋，只要言之成理，都將儘可能採擇並列，以供讀者自行研究分析。

人性不變，至少有歷史記載以來沒有變過；八卦不變，至少有歷史記載以來沒有變過。古代第一家庭愛慾情仇悲喜劇的原貌與真相，提供無數當權者愛慾情仇及其影響的典型真實案例，值得仔細探究，深刻品味，不但樂趣無限，用途無窮，而且發人深省。或許讀罷掩卷，您會發現世界上芸芸眾生，千古無異，而油然有歲月無常，情海無止，慾海無涯，錢海無際，權海無岸，恨海無盡，苦海無邊之嘆。

正是：

宮廷愛恨幾千年　巷語街談口耳傳
慣見橫流風月慾　難聞直筆簡書篇
七情原是人人有　八卦仍需事事詮
自在觀心思入骨　色空空色就成禪

喜愛歷史，但也喜歡八卦的朋友，就請翻開下一頁。

壹

宮廷貴族的放蕩

齊宮兄妹通姦，妹夫魯君遭殃

有女人是妻子是個麻煩；

但有不是妻子的女人更加麻煩。

——**托爾斯泰**

（Leo Tolstoy, 1828 ～ 1910，俄國作家，著有《戰爭與和平》等書）

中國宮廷貴族八卦的歷史，可謂一開始就來勢洶洶。中國宮廷貴族的八卦，最早有正式史料紀錄可考，事情的始末也比較清晰完整的，應該首推春秋初年齊國君主襄公姜諸兒和他妹妹，魯國君主桓公夫人文姜之間的兄妹亂倫通姦事件。我們也從此開始探討。

在探討之前，請容許作者再一次強調：對於從此以下的各項宮廷八卦，我們探討時都將先提出值得關切的問題，再設法經由敘述與分析來回答。我們並非為八卦而八卦，研究歷史，回答這些問題，希望可以做為待人處事，在社會上求生存與發展的借鑑，才是我們探討宮廷女性八卦的目的。

◆問題的提出

春秋初年齊國的宮廷中發生過一起兄妹亂倫通姦事件，即齊國君主襄公（公元前六九八至前六八六年在位）姜諸兒和他妹妹，魯國君主桓公（公元前七一二至前六九四年在位）夫人文姜通姦。此事件時間跨度甚長，前後約二十五年，期間文姜

註1｜本書各篇引言，出自張系國編譯《世界沙豬語錄．附錄反制沙豬金言》。

的丈夫魯桓公發覺妻子的姦情，竟在齊國被妻子的哥哥情夫，也是自己大舅子的齊襄公派殺手殺死！奇妙的是，魯、齊兩國的關係並未因此惡化，此後這對兄妹情人還更加肆無忌憚地頻頻聚會，直到齊襄公被殺。史書明確記載，齊襄公被殺身死另有政治原因，並非因為他和文姜通姦；文姜則更在齊襄公死後悠然自得地一直活到超過五十歲才壽終內寢，倫理、道德與法律似乎對她都無可奈何。

齊襄公／文姜兄妹亂倫通姦導致魯桓公被殺事件是絕對的八卦，但八卦之餘，我們面對上述情況就不得不提問：周朝是以封建倫理道德為基礎建立政權的國家，為何進入東周後，會在春秋初年發生這樣的事？為何齊襄公與文姜並沒有因為亂倫通姦與教唆殺人而得到懲罰？為何魯國君主在齊國被謀殺這樣的大事，並沒有引起嚴重的國際問題？等等，都有待解答。

⦿ 參考資料

依據《春秋左氏傳》（以下簡稱《左傳》）、《春秋公羊傳》（以下簡稱《公羊傳》）、《史記》等史料，我們對此事件可以列出下列表格做為基本參考資料。

齊襄公／文姜事件當事人關係表

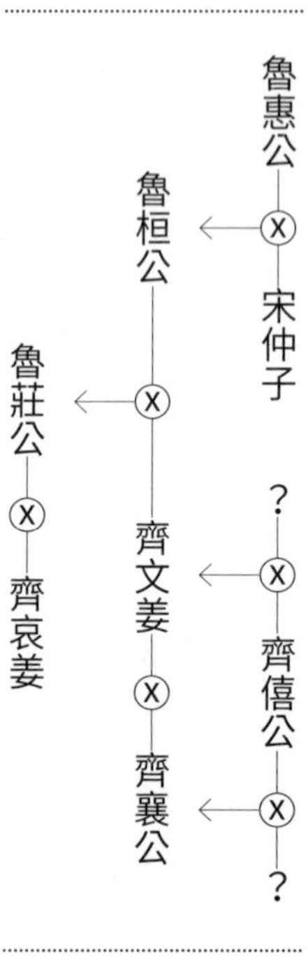

「ⓧ」表示婚姻或性關係，「↓」表示親子關係。

齊襄公／文姜事件相關大事年表

公元前	中國紀年	大事
七七一年	周幽王 十一年	申侯與犬戎聯軍入侵，周幽王被殺，西周滅亡。
七七〇年	周平王 元年	關中被犬戎占據，周平王遷都洛陽，東周開始。
七一二年	周桓王 八年 魯隱公 十一年 齊僖公 十九年	魯隱公被弒，弟桓公繼立。 齊僖公子襄公與女文姜約在此時或稍後亂倫通姦。

公元前	中國紀年	大事
七〇九年	周桓王 十一年 魯桓公 三年 齊僖公 二十二年	齊、魯公室通婚，魯桓公娶齊僖公之女文姜為妻。 齊僖公親自送女兒結婚，被譏為不合禮法。
七〇七年	周桓王 十三年 魯桓公 五年 齊僖公 二十四年	周桓王伐鄭大敗，中箭受傷。
七〇六年	周桓王 十四年 魯桓公 六年 齊僖公 二十五年	文姜生子姬同，為魯桓公太子，後之魯莊公。
六九八年	周桓王 二十二年 魯桓公 十四年 齊僖公 三十三年	齊僖公死，子襄公繼位。

公元前	中國紀年	大事
六九七年	周桓王 二十三年 魯桓公 十五年 齊襄公 元年	周桓王要求魯國進貢馬車。
六九四年	周莊王 三年 魯桓公 十八年 齊襄公 四年	魯桓公偕夫人文姜訪問齊國，文姜與齊襄公再度亂倫通姦，被魯桓公發現，齊襄公派姜彭生殺死魯桓公，再殺死姜彭生。文姜留居齊國，不敢回魯。文姜子魯莊公繼位。
六九二年	周莊王 五年 魯莊公 二年 齊襄公 六年	文姜與齊襄公聚會於禚（齊國邊境）。
六九〇年	周莊王 七年 魯莊公 四年 齊襄公 八年	冬天，魯莊公與齊國人（可能是齊襄公）在禚狩獵。 夏天，文姜在祝丘（魯國邊境）招待齊襄公。

公元前	中國紀年	大事
六八九年	周莊王 八年 魯莊公 五年 齊襄公 九年	夏天，文姜來到齊國軍隊駐地（與齊襄公聚會）。
六八七年	周莊王 十年 魯莊公 七年 齊襄公 十一年	春天，文姜與齊襄公聚會於防；冬天，二人聚會於穀。
六八六年	周莊王 十一年 魯莊公 八年 齊襄公 十二年	齊襄公被堂弟姜無知所弒，姜無知自立為齊君。
六八五年	周莊王 十二年 魯莊公 九年 齊桓公 元年	秋天，魯攻齊，大敗。 姜無知被弒。齊公子姜小白自莒國回國，繼位為齊桓公。

公元前	中國紀年	大事
六八四年	周莊王 十三年 魯莊公 十年 齊桓公 二年	春天，齊攻魯，戰敗。
六八一年	周僖王 元年 魯莊公 十三年 齊桓公 五年	魯、齊會盟於柯，魯將曹沬出劍挾持齊桓公，逼迫歸還魯國失地。
六七九年	周僖王 三年 魯莊公 十五年 齊桓公 七年	夏天，文姜到齊國。
六七五年	周惠王 二年 魯莊公 十九年 齊桓公 十一年	秋天，文姜到莒國。

公元前	中國紀年	大事
六七四年	周惠王 三年 魯莊公 二十年 齊桓公 十二年	春天，文姜到莒國。
六七三年	周惠王 四年 魯莊公 二十一年 齊桓公 十三年	秋天七月，文姜死。
六七二年	周惠王 五年 魯莊公 二十二年 齊桓公 十四年	魯以君夫人之禮葬文姜。魯莊公赴齊國下聘求婚。
六七〇年	周惠王 七年 魯莊公 二十四年 齊桓公 十六年	魯莊公娶齊公室女哀姜。哀姜後與莊公弟姬慶父通姦。

◆齊襄公／文姜事件始末

⊙成長／亂倫通姦／離別

西周到春秋時，齊國的君主姓姜，是姜太公的繼承人。這個家族的女性後代依照當時的風俗習慣只有姓，沒有名，都稱為「姜」，也就是「姜氏」。在眾多姜氏女子中，那些嫁給別國君主做正妻，成為別國君夫人的，有些會用她丈夫的謚號來稱呼她，例如「宣姜」就是齊僖公的女兒姜氏，嫁到衛國後成為衛宣公的夫人，因此得名。此外，春秋時諸侯貴族女性死後也有謚號，即用一個字以總結並代表她的一生。當時某些地位重要、形象鮮明的女子，史書記載時，會採用謚號來稱呼她們，用以標明並彰顯她們的身分，例如「文姜」、「哀姜」等名號，就在《左傳》中出現。

春秋初年齊僖公在位（公元前七三一至前六九八年），他的太子名喚姜諸兒，另有二女，大女兒宣姜，小女兒就是文姜。古代貴族姬妾眾多，同父異母的兄弟姊妹雖然同屬一家，唯因家族龐大，眾姬妾各有居所，同父異母子女見面的機會顯然偏少，但當然彼此認識。姜諸兒與文姜應該不是同母所生，因為唯有如此，二人才會自小在齊宮中處於

「有點熟，又不太熟」的人際關係狀態，等到情竇初開時，容易因近水樓台，互相產生異性的吸引力。對於這種情況，英國性心理學家藹理斯（Henry Havelock Ellis, 1859～1939）在他的著作《性心理學》第三章第一節〈青年期的性衝動〉中曾經論及：

> 性的繫戀必須靠較強的刺激，而家庭環境中人，彼此朝夕相見習熟已久，即使有性的刺激，事實上不夠強烈的程度，不足以引起反應。……大家知道，最強烈的親屬相戀的例子往往發生在從小就分開的兄妹之間。

果然，在宮廷中分別成長的姜諸兒與文姜發生戀情，出現亂倫的通姦關係。

這種關係應該沒有維持很久，但已經足夠在二人心中留下無法忘懷的印象。因為齊僖公二十二年（魯桓公三年，公元前七〇九年），魯桓公派遣公子姬翬赴齊國求親，齊僖公答應，同年就送女兒文姜出嫁到齊國。古人結婚很早，女孩子十五、六歲出嫁甚為平常，由此看來，姜諸兒與文姜成為情人還不是很久，文姜就出嫁了，因此對於雙方而言，對方都可能是初戀情人，至少文姜是如此。

倒是當時齊僖公的行事不合常理，頗值得玩味。依歷史記載，他親自把文姜送到魯國成親，這違背周朝的禮制，也讓人覺得以齊國這樣的大國，此舉未免太過謙恭。原來依照周朝禮制，諸侯之女出嫁，應由君主指派大夫送嫁，國君是不出動的。齊僖公之前已經嫁過長女宣姜到衛國，也依禮而行，應該不會不明此理，但他還是親自送文姜去，不惜違禮，顯示他必然另有考慮。推想做為父親，齊僖公可能已經知道自己的兒、女通姦，所以才親自押陣送嫁，以免半路兒子可能追上女兒互訴衷情，難分難捨，奉派送嫁的大夫也管不了。實際上這種強力八卦的事情在耳目眾多的宮廷中很難瞞住眾人，做父親的聽到傳言，看出端倪，也在情理之中。

文姜嫁到魯國，成為魯桓公夫人後，一時日子過得頗為正常。魯桓公六年（齊僖公二十五年，公元前七〇六年），文姜為魯桓公產下一子，因與魯桓公同日生，取名為同。姬同為嫡妻所生，在姬妾眾多的中國傳統宮廷中並不多見，魯桓公想必十分高興，文姜的君夫人地位也想必因此十分穩固。姬同長大後被立為世子，就是後來的魯莊公。

⊙重逢／再度通姦／謀殺

然而齊、魯二國的地緣關係，使早已各自嫁娶的齊襄公與文姜有機會再度相逢，重續前緣，也造成更大的八卦醜聞。原來齊、魯是鄰國，都位在今日的山東省，又都是西周滅商後就立即受封的諸侯國，幾百年的時間，使這兩個老鄰居命中注定有解不開的關係，說不盡的恩怨。齊、魯二國談談打打，打打談談，發生過許多次戰爭，也訂立過許多次盟約，雙方君主在戰場上或會議席上見面，已成為常態。

果然，公元前六九四年（魯桓公十八年，齊襄公四年）春天正月，魯桓公與齊襄公又為雙方國事來到兩國邊境會面，文姜以魯君夫人的身分隨行。會談氣氛應該十分融洽，因為會後魯桓公決定前往齊國做友好訪問。魯國大夫申繻看出潛在的危險，勸諫魯桓公說：「女人有家庭，男人有妻室，不可以輕視怠慢，這樣叫做合乎禮節，不這樣做一定招致失敗。」這番話雖然沒有點名文姜，卻特別提出夫妻與家庭關係，其實意在言外，說得十分露骨，可見文姜曾與齊襄公通姦的事，早已傳開。

魯桓公沒有採納諫言，仍然帶著文姜訪問齊國。魯桓公是對妻子太有信心，還是基於外交考量不得不到齊國去，已不得而知；然而從他四月間身死異邦來看，他必定沒有預料到接下來的發展，否則應該早早離開。原來這次魯桓公訪問齊國，時間拖得很長，從正月開始，一直延續到四月間被殺為止，表示必有原因，才使訪問耽擱下來。

耽擱的原因大概就是文姜。文姜隨夫訪齊，再度與齊襄公見面，起初一定是在正式場合，兩個老情人見面，卻不得不各就自己的身分，遵照制度行禮如儀。這種「可望而不可及」的情況，最容易勾起並加強人的感情，想念當年的柔情蜜意，於是，他們找到一個機會就再度私通了。初戀情人十五年分離，一朝重逢，雙方又都是封建社會大權在握的頂尖人物，我行我素之下自然姦戀情熱，難分難捨。齊襄公因此大有可能找些理由延長這次訪問，時間也就拖下來。

私通事件保密十分困難，何況雙方都是知名要人。時間一久，魯桓公終於得知此事，怒責文姜，這是自然反應；文姜隨即將魯桓公的責罵告訴齊襄公，這也是自然反應。齊襄公面對亂倫私情穿幫的處理方式，卻讓人體會到何謂「大權在握的人比較有機會也容易做到快意恩仇，使自己的慾望成真」。那年四月初十日，齊襄公設宴請魯桓公，魯桓公可能是不願家醜外揚，雖然心裡有鬼，還是應邀赴宴。席間魯桓公心情鬱悶，又不便當場發作，主人頻頻勸酒，客人悶酒下肚，很快喝醉。齊襄公命公子姜彭生扶魯桓公上車，回賓館休息，姜彭生卻早奉密令，趁扶魯桓公時施出重手，將魯桓公的肋骨折斷，魯桓公就如此這般在馬車中死於非命。

⦿ 善後／公開情人關係

消息傳出，魯國當然會有反應；但魯國的反應是發出國書告訴齊國說：「敝國君主畏懼貴國君主的威嚴，不敢安居，前來整備友好的禮儀。禮儀完成而未曾回國，敝國沒有地方追究罪責，請求交出彭生，以便在諸侯中清除醜聞。」

這表面上是以外交辭令來問罪，至少前半部是；可是結尾那三句其實等於給齊襄公提供一條下台階：只要殺掉姜彭生，一切沒事。齊襄公得此出路，當然殺死公子彭生向魯國賠罪，兩國隨即大事化小，小事化無，船過水無痕地將這件事情悄悄了結。只可憐姜彭生成功執行謀殺命令，卻不久就遭主人當犧牲品殺掉，逃不過古今中外無數殺手的共同命運，歷史在此處再度顯示其雷同性。如果讀者諸君願意試著用比較的方法認識歷史，則不妨查查民國二年刺殺國民黨代理理事長宋教仁的兇手武士英、一九六三年刺殺美國總統約翰．甘迺迪（John F. Kennedy）的兇手理．奥斯華（Lee H. Oswald）二人的命運，即可了解。

魯桓公死後，魯國人擁立太子姬同繼位，是為魯莊公。鬧出這件大事的文姜為免尷尬，不敢返回魯國，遂留在娘家齊國。文姜在齊國也沒有住在從小長大的首都臨淄，這個政治中心是非流言眾多，不利於她。她的選擇是跑到齊、魯二國邊境的禚住下來。與禚相鄰的魯國邊境是祝丘，二地之間成為有利文姜的灰色地帶，文姜常常往來二地，悠然自得。齊襄公把謀殺鄰國君主的事情擺平後，平常待在首都臨淄，但常藉狩獵等理由，跑到邊境與妹妹情人幽會。歷史記載文姜曾在祝丘以主人的身分招待過齊襄公，文姜之子魯莊公也曾到禚和齊國人一起打獵，隊伍中可能還有既是殺父仇人，也是母親情人的齊襄公。後來齊襄公與文姜這對情人還到處遊逛，在幾個不同的地方相聚，日子過得頗為愉快。

⊙ 齊襄公之死／文姜晚年

公元前六八六年（齊襄公十二年，魯莊公八年），齊襄公的好日子終於走到盡頭。這年冬天，他因為許多政治理由被公子姜無知所弒。姜無知自立為齊國君主，不久也被殺，齊國大亂，亂局中公子姜小白首先回到臨淄即位，就是赫赫有名的齊桓公。齊桓公初年因魯國曾支持他的對手齊公子姜糾，導致兩國關係緊張，曾二度作戰。在連串的動亂中，文姜因應得宜，並未受到影響。齊襄公被殺後，她應該是進到魯國避亂，經過幾年，齊、魯邦交恢復後，她又到齊國。這位失去丈夫、情人與兄長的貴族女性，晚年依然旅行不斷，曾幾次到莒國去，原因不詳，但足以顯示她活動力仍強，敢做敢為的個性也並未改變。

公元前六七三年（齊桓公十三年，魯莊公二十一年）文姜去逝，魯國為她舉行合於君夫人身分的葬禮，奉上諡號「文」。依照《逸周書．諡法解篇》中記載，中國傳統對統治者諡以「文」的，代表此人符合「經緯天地」、「道德博聞」、「學勤好問」、「慈惠愛民」、「愍民肅禮」、「賜民爵位」這樣的評語中至少一條。文姜能夠被諡為「文」，表示在她的時代，她並沒有被視為十惡不赦的壞人，還獲有好評。

◆從政治現實理解齊襄公與文姜事件

《詩經》中收錄一首題名為〈南山〉的詩，是齊襄公／文姜事件時期齊國的民間歌謠：

《詩經．國風．齊風》〈南山〉

南山崔崔，雄狐綏綏。魯道有蕩，齊子由歸。既曰歸止，曷又懷止？
葛屨五兩，冠緌雙止。魯道有蕩，齊子庸止。既曰庸止，曷又從止？
蓺麻如之何？衡從其畝。取妻如之何？必告父母。既曰告止，曷又鞠止？
析薪如之何？匪斧不克。取妻如之何？匪媒不得。既曰得止，曷又極止？

網站「中文百科在線」上將這首詩翻譯成白話文：

巍巍南山真高峻，雄狐求偶步逡巡。魯國大道寬又平，文姜由此去嫁人。既然她已嫁別人，為啥想她存歹心？
葛鞋兩隻配成雙，帽帶一對垂耳旁。魯國大道平又廣，文姜由此去嫁郎。既然她已嫁玉郎，為啥又跟她上床？
想種大麻怎麼辦？修壟挖溝勤翻土。想要娶妻怎麼辦？必須事先告父母。既已稟告過父母，為啥任她肆淫汙？
想去砍柴怎麼辦？沒有斧子砍不倒。想要娶妻怎麼辦？沒有媒人娶不到。既已明媒正娶來，為啥讓她娘家跑？

依據從古至今大部分學者的意見，這首齊國民謠唱的是文姜的八卦，用來諷刺齊襄公與魯桓公。詩的前兩段針對齊襄公，後兩段針對魯桓公。

詩是好詩，諷刺到位卻並未指名道姓，深得《詩經》溫柔敦厚的宗旨。如果此詩可以代表當時民間對齊襄公／文姜事件的看法，那我們不難發現，魯、齊兩國官方對此事件的態度和民間不同。

齊國把來訪的鄰國君主殺了，想要低調處理，可以理解。魯國國君到齊國友好訪問，在地主國慘遭謀殺，魯莊公和他的大臣面對殺父殺君仇人，卻沒有擺出「是可忍，孰不可忍？」的架勢，聲討齊襄公的罪狀，採取絕交、宣戰或呈報周天子等手段，只是發出一封充滿外交辭令的照會，其中還給齊襄公指點出一條下台階的明路。魯國這種決策何其奇怪，原因何在？

當然齊國強大，魯國弱小，魯國一定考慮過小國惹不起大國的政治現實；但更重要的，魯莊公君臣想必也考慮到這是椿牽涉本國第一夫人，又是新君主母親的八卦，所以寧可大事化小地和齊國雙邊自行解決，也不願在國際上張揚，弄到天下列國幸災樂禍地對這事公開說長道短，議論紛紛，國家與君主家庭出醜出到天下。《春秋公羊傳．閔公元年》說「春秋為尊者諱，為親者諱，為賢者諱」，《論語．子路篇》也提倡「父為子隱，子為父隱」。雖然這兩段記載出現的時間都比齊襄公／文姜事件晚，卻可以看出春秋時代貴族面對醜聞的心態，就是能諱則諱，能隱則隱，即使非處理不可，也是點到為止。這種態度從現代的角度看，可以視為一種損害管理策略。

魯莊公君臣對齊國採取「點到為止」的損害管理策略，就政治現實來說，堪稱正確。然而由此可見，對政治人物而言，政治的考量高於一切，尤其高於倫理道德。

那麼，那些創作出歌謠，傳唱一時，將齊、魯兩國君主諷刺個夠的人民呢？在現有歷史記載中，我們沒有看到兩國人民當時有甚麼對統治者不滿的實際動作。再者，文姜雖然鬧出天大八卦，難以追隨她丈夫魯桓公的謚號而稱為「桓姜」，卻仍舊被謚為「文」。她當然談不上《逸周書》中「經緯天地」、「道德博聞」的標準，卻必然至少符合「學勤好問」、「慈惠愛民」、「愍民肅禮」、「賜民爵位」這幾項標準中的一項，由此看來，文姜應該是一個對人民不錯的統治者。至於齊襄公謚號的「襄」，代表「辟地有德」或「甲冑有勞」，也是不差的謚號。

封建體制下農業社會的人民生活艱難，所以生存是第一優先。誰能讓他們吃得飽，穿得暖，生活得到維持與改善，他們就支持誰，這也是孟子政治思想的核心所在。統治者的八卦人民當然愛聽愛傳；但如果這八卦的主人讓他們的日子過得不錯，則他們諷刺幾句也就夠了，不會有進一步行動。所謂「肉食者謀之，又何間焉？」封建體制下人民面對世襲的統治者，其政治考量也是很現實的，這種現實性也會蓋過倫理道德的訴求。

齊襄公與文姜兄妹亂倫通姦，又把妹夫魯桓公殺掉的天大八卦，固然使這對男女主角獲得亂倫私通、姦夫淫婦、因姦殺人的千古罵名，他們在世時卻沒有因此得到實質的懲罰。可見凡事若牽扯到政治，則現實利害高於一切。我們對政治人物的八卦，應作如是觀。

政治人物的八卦可以如此理解，但我們仍然要問：這樣的事情發生在春秋初期，是個偶發事件，還是有其背景與原因？

要回答這個問題，必須先回到春秋初年的政治與社會狀況中，看看周朝的封建制度原來如何建立，運作到春秋時又出現甚麼變化，才能發現製造此事件的溫床如何出現。

⊙ 中國封建制度正式形成：西周建國

周朝王室姓姬，祖先曾遷居各地，後定居於陝西岐山，精於農業；他們西邊的鄰居則是個姜姓的部落，姜這個字由「女」、「羊」合成，顧名思義，這個部落在母系社會時代就以牧羊為業。商朝末年，陝西、甘肅地區發生一次重要的政治聯盟，姬姓農業部族的周國與姜姓畜牧部族結盟合作，挑戰中原共主的商朝，就是「姜太公八十遇周文王」故事的原本。到周武王時挑戰商紂王成功，商朝滅亡，周朝建立，中國開始進入制度較為完備的封建時期。

周武王滅商後，立即面臨三大問題：必須消滅商的殘餘勢力、及早占領東方商的殘餘土地、與有效獎勵追隨革命的各種團體與個人。周武王與周公兄弟將三大問題一次解決，方法是創設「封建制度」，即把東方原屬商朝的土地指定分封給親族與功臣，讓他們武裝移民，建立各諸侯國。這批諸侯率領人馬到達封地後，不得不努力築城，開墾，降服附近原住民，展開統治，自己的封建國家才能存活發展，周朝也因此得到鞏固與擴大。封建同時，周天子將周原來的地盤關中加上洛水地區劃為周王直轄，稱為「王畿」。封建制度推行初期，王畿的面積、人口與軍事、經濟力量遠大於任何一個諸侯國。此後大約三百年期間，各封國有的愈來愈強大，也有的半途夭折，但周朝封建制度的基本態勢尚可維持。

封建制度建立時，其設計原則是王畿大於任何諸侯國，周王直接統帥的軍隊也多於任何諸侯國，以此保證周王有足夠的實力凌駕諸侯之上，成為全國最高領袖與間接的統治者。以強大的政治、軍事實力為後盾，周王甚至可以處置任何一個他看不順眼的諸侯，例如西周夷王（公元前八九五至前八七八〔？〕年在位）就曾聽信紀侯的誹謗，將齊哀公烹死，改立他的弟弟，齊國也不敢有異議。但是假如周王太過暴虐昏庸，或其政策不利於全體諸侯，也就是不利於封建制度時，將激起全體諸侯的反抗，周王成為相對的弱勢，無法對抗，只有下臺，例如周厲王（公元前八七七至前八四一年在位）就因為殘暴統治、箝制輿論而被人民與諸侯聯合趕走，由大諸侯周公、召公共同執政，西周一度進入沒有君主的共和時期（公元前八四一至前八二八年）。因此封建制度另一個設計上的考慮，是使周王的力量雖然大於任何諸侯，卻小於各諸侯的總合，用以牽制昏君或暴君，使他不會長久在位。

這是非常巧妙的政治制度設計，其原則被後代廣泛採用。現代公司中最大股東出任董事長時與其他大股東、小股東的關係，依照公司董事會、股東會的設計與運作，也是這種模式，我們不難互相比較，自行體會。

⊙封建制度的失靈

西周延續三百年以上，到它的後期，逐漸發生問題。據《史記》記載，當時魯國、齊國、曹國、衛國、宋國等都發生爭奪君位的內亂，其中魯國內亂竟是由周宣王（公元前八二八至前七八二年在位）一手造成。原來周宣王時魯武公帶著兩個兒子朝見宣王，周宣王喜歡那個小兒子，竟破壞封建繼承制度，強令小兒子做魯武公的世子。魯武公死後，小兒子繼位為魯懿公，他哥哥的兒子姬伯御，也就是魯懿公的姪子心懷不平，發動政變把魯懿公殺掉。周宣王聞報大怒，出兵攻打魯國，殺姬伯御，另立魯孝公為君，事情才算解決。

周宣王的兒子就是著名的亡國之君周幽王（公元前七八二至前七七一年在位）。周幽王寵愛褒姒，盡人皆知，但君王寵愛年輕豔麗的妃子，疏遠王后，在歷史上極為平常，大多數並不會引起嚴重政治問題；周幽王致命的失策在於褒姒生子後，廢掉申后與太子，改立褒姒與其子。此種行為嚴重破壞周王室的宗族倫理，也使原來的王后黨與太子黨前途頓失，不得不起而抗爭，結果申后之父引進犬戎外族組成聯軍攻來，周幽王、褒姒和他們的兒子都被殺，西周滅亡。

由此可見，西周晚期封建倫理已經被破壞，西周的最後兩代天子的作為，更起到帶頭作用，進入春秋時代後，封建倫理的破壞遂變本加厲。

周幽王死，關中淪入犬戎之手，王畿大部分喪失，原太子周平王只得遷都洛陽。從此周王直轄領地只剩一小塊，實力減少到不如大諸侯，完全無力遂行天子的權威，封建制度開始無法運作。幾十年後周桓王擺出天子的威風，出兵討伐桀驁不馴的鄭國，雙方交戰，周桓王中箭大敗，為周室衰微的里程碑。以後的周王日益沒落窮困，只有到處找靠山，甚至出現要求魯國提供馬車的窘狀。諸侯則在沒有周王作主的情況下，互不相讓，進入列國相爭的叢林時代，各處的非華夏民族也乘機發展，形成春秋時期華夷對抗、諸侯爭霸的局面。

西周時代的周夷王、周宣王都曾以暴力對待諸侯，雖說無法使人心服；但至少周天子的武裝力量仍然強大，足以控制諸侯，使人口服。等到周室東遷，大部分王畿領土與武裝力量喪失，舊日的主宰迅速過氣，既無德以服人，也無力以制人，周朝的封建秩序為之動搖，封建社會也失控，封建貴族的行為乃出現回歸生物本能慾望與叢林法則政治的趨勢。齊襄公與文姜兄妹亂倫通姦，又殺死妹夫魯桓公的事件，也就是在這種背景下登上齊、魯二國的政治舞台。

齊襄公／文姜事件一百多年以後，終於有人從封建倫理道德的角度，檢討春秋時代的問題，並提出改善辦法。孔子創建儒家學派，主張「君君、臣臣、父父、子子」（君主要像君主，臣子要像臣子，父親要像父親，兒子要像兒子），就是希望以重建西周時代的封建倫理道德，解決東周時代的亂象與問題。後來法家學派思想家從統治者的角度出發，提倡國君應該建立威權，操控臣下，嚴行法治，則是希望以中央集權配合嚴刑峻法的方式解決東周時代的亂象與問題。儒家與法家的理論後代都有統治者採用，中國政治與社會的秩序，也由此得以重建。

由此看來，齊襄公與文姜的八卦高潮迭起，特別聳人聽聞的深層原因，在於他們生活的年代，剛好是一個舊秩序鬆動，新秩序尚未成形的空隙。大權在握的他們，慾望乃得以不受限制，噴湧而出，才使得這件中國歷史上少見的宮廷八卦達到八卦的高峰，從此流傳千古，迄今被人談論不息。

正是：

〈如夢令〉

幾夕樓台歡會　變起禮賓車內
一曲唱南山　卻道是齊宮穢
兄妹　兄妹
何至二人脫罪

史籍原典

《左傳》

（桓公）十八年春，公將有行，遂與姜氏如齊。申繻曰：「女有家，男有室，無相瀆也，謂之有禮。易此，必敗。」公會齊侯於濼，遂及文姜如齊。齊侯通焉。公謫之，以告。

夏四月丙子，享公。使公子彭生乘公，公薨於車。

魯人告於齊曰：「寡君畏君之威，不敢寧居，來修舊好，禮成而不反，無所歸咎，惡於諸侯。請以彭生除之。」齊人殺彭生。

《史記．齊太公世家》

（襄公）四年，魯桓公與夫人如齊。齊襄公故嘗私通魯夫人。魯夫人者，襄公女弟也，自釐（僖）公時嫁為魯桓公婦，及桓公來而襄公復通焉。魯桓公知之，怒夫人，夫人以告齊襄公。齊襄公與魯君飲，醉之，使力士彭生抱上魯君車，因拉殺魯桓公，桓公下車則死矣。魯人以為讓，而齊襄公殺彭生以謝魯。

貳

外籍新娘的不倫之戀

狄后與東周襄王事件

婚姻是戰場，不是玫瑰花園。

——史蒂文生

（Robert Louis Stevenson, 1850 ～ 1894，蘇格蘭作家，著有《金銀島》等書）

◆問題的提出

春秋時期，東周王室曾出現過一位來自狄族的王后，名喚叔隗。她之所以能當上周朝王后，是她的丈夫周襄王（公元前六五二至前六一九年在位）不考慮全國名媛淑女，決定娶她這個北方異族狄人領袖之女為正妻的結果。

狄女為后在周朝是空前大事，因為它代表周王與狄人間的關係非比尋常，更意味著周王朝的下一位國王可能會有狄人血統。於是我們要問：在那「華夏、夷狄」分明的春秋時代，周襄王為何做出這樣奇怪的決定？

更妙的是，這位狄人頂尖貴族千金、周王室的外籍新娘，嫁過來幾個月就紅杏出牆，和周襄王的弟弟姬帶通姦。王室醜聞隨即變成嚴重的政治事件，因為這對通姦的男女在事情敗露後，竟把原來的丈夫周襄王趕跑，自己稱王稱后起來。若論那個時代的八卦，大概莫大於此。

東周時，周王已經勢力微弱，全國諸侯林立，其中又已經產生出能夠領導列國，讓大家都聽話的「霸主」。這時的霸主就是歷史上大大有名的晉文公（公元前六三六至前六二八年在位），他歷盡風雨，以政治經驗豐富，擅長掌握時機著稱。做為霸主的晉文公碰到這樣一件事，會打起怎樣的算盤，做出何種決策？霸主晉文公的政策，最後又對周襄王、狄后與王弟姬帶這一對男女、周王朝及全中國產生怎樣的影響？非常值得認真研討。

⊙參考資料

依據《左傳》、《史記》等史料，我們對此事件可以列出下列表格做為基本參考資料。

・東周襄王／狄后事件當事人關係表

「ⓧ」表示婚姻或性關係，「↓」表示親子關係。

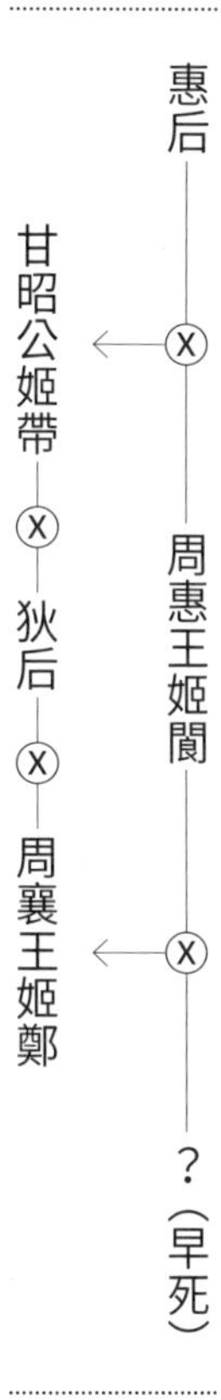

・東周襄王／狄后事件相關大事年表

公元前	周紀年	大事
六七六年	惠王元年	周惠王繼娶陳國公室女嬀氏為后，稱為惠后。
六七二年	五年	惠后生子姬帶。姬帶後封於甘，稱為甘昭公。他從小受到父母寵愛，長大後產生爭奪王位的野心。
六五三年	二十四年	年底閏月，惠王死。太子周襄王姬鄭畏懼弟姬帶，不敢公開辦理父親的喪事，遣使告訴齊國，請求幫助。
六五二年	襄王元年	齊國率領各諸侯國在洮會盟，確定周襄王的王位。
六五一年	二年	齊桓公與各諸侯在葵丘會盟，重申尊王，也確定霸主地位。周襄王派代表參加，賜齊桓公家廟祭肉。
六五〇年	三年	狄族滅溫國。

公元前	周紀年	大事
六四九年	四年	姬帶聯結一批戎人部落攻打周襄王，焚燒都城東門。秦國、晉國討伐戎人，救援周，晉國調停周王與戎人和解。
六四八年	五年	周襄王討伐姬帶，姬帶逃奔齊國。冬天，齊桓公派管仲出使，調停周王與戎人和解。周襄王欲以上卿之禮招待管仲，管仲僅接受下卿之禮而還。
六四五年	八年	管仲死。
六四三年	十年	齊桓公死，齊國大亂。
六四〇年	十三年	鄭國軍隊攻入滑國。
六三八年	十五年	周襄王從齊國召回弟弟姬帶。

公元前	周紀年	大事
六三六年	十七年	晉公子姬重耳於流亡十九年後回到晉國即位，是為晉文公。 周襄王要求鄭國從滑國退兵，鄭國拒絕並扣留周襄王使者，周、鄭再度交惡。 夏天，周襄王請狄族出兵攻打鄭國，狄族戰勝，攻占櫟。 周襄王娶狄后隗氏。 狄后與周襄王弟王子姬帶通姦，周襄王廢狄后。 秋天，狄軍大敗周王軍，周襄王逃至鄭國氾城，向各主要諸侯請救兵。 姬帶與狄后自號周王、周后，居住於溫。

公元前	周紀年	大事
六三五年	十八年	秦國、晉國皆有意協助周襄王，霸主晉文公決定快速出兵，分二路攻溫及迎接周襄王。 晉攻下溫，姬帶、狄后被殺，周襄王返洛陽復位。 晉文公朝見周襄王，請求隧葬，周襄王不許，但賜晉溫、原等處土地。
		晉益強，周王室愈弱，從此不再有復興企圖。
六三二年	二十一年	晉文公舉行會盟，召周王前往，周襄王應召赴會。《春秋》記為「天王狩於河陽」以隱諱之。 周王室聲譽大損，被諸侯更加輕視，變得徹底無足輕重。

◆東周襄王／狄后事件始末

⊙姬帶奪嫡／齊桓公尊王

周襄王姬鄭的一生充滿坎坷。

他是周惠王的嫡長子，依照封建法則是當然的繼承人。可是他的母親早逝，父親即位為周王後，再娶陳國公室女嬀氏為王后，稱為惠后。幾年以後惠后生下弟弟姬帶，也是嫡子。姬帶身為嫡子，自小有母后撐腰，在順境中長大，恃寵而驕，又碰上春秋那個封建禮法逐漸崩壞的時代，遂使他充滿野心，希望有朝一日能夠登上周王大位，母親惠后當然幫助他。周襄王這個沒有母親的大哥則在宮中孤立無援，地位岌岌可危，若非惠后後來也死去，他真有可能被廢。

周惠王死於公元前六五三年底。父親一死，周襄王與姬帶兄弟間的矛盾立刻表面化，一連串的事情隨即開始發作。

首先，身為太子的周襄王居然不敢正式宣布父親的死訊，辦理喪事。依照封建禮制，這是不孝的行為，但對他而言實在是不得已之舉。宣布前任國王去世並辦理喪事，是太子繼位為新任國王後應該做的第一件事，不但是在盡為子的孝道，如此也才能使全天下知道這情形，因而接納原太子成為新天子。可是對周襄王而言，弟弟姬帶虎視眈眈，正在積聚實力，準備爭奪王位，只要自己即將宣布父親死訊的消息走漏，弟弟就會被迫立刻發動政變，可能危及自己性命；所以只有暫時不宣布父親死訊，賭弟弟在局勢渾沌中會想準備得更充分再動手，才得以利用拖延下來的一點時間趕快請救兵。

周襄王請救兵的對象是齊國。當時齊國由齊桓公在位（公元前六八五至前六四三年），在丞相管仲的治理下欣欣向榮，國勢強大，東周以來又和周王室沒有什麼過節，的確是救兵的不二之選。當周王的求救密使抵達齊國後，齊桓公和管仲必然判斷這是一個伸張國威的好機會，所以立即回應，擺出尊王架式，幫助周襄王。

齊國「勤王」的方法是，毫不遲疑地於公元前六五二年正月，在洮地召開國際會議，請到周王代表、魯國、宋國、衛國、許國、曹國、陳國的國君或世子與會。鄭國君主聽到消息，也不請自來。此次會議與盟約照計畫順利完成，等於宣布與會各諸侯國都承認與支持周襄王，周襄王的王位才算保住。至於鄭國自行請求參加，也是其來有自，因為東周以來，周、鄭距離最近，常有衝突，雙方的關係惡化，鄭國還曾與周王作戰，把周桓王射傷。齊國不請鄭國開會，意在凸顯此會以「尊王、勤王」為目的，所以不請那個曾經對抗與傷害過周王的傢伙；鄭國不請自來，則表示順從天下大義，願支持合法的周王，以調整與周王和各國的關係。

周襄王選擇向齊國求救，齊國也協助周襄王成功，其國際地位頓時升高。公元前六五一年，齊國再於葵丘召開國際會議，重申支持周襄王，並與各國修好，周襄王也派出代表參加。會上周王的代表將周襄王用來祭祀周文王、武王的肉頒賜給齊桓公，並傳令齊桓公接受時不必下拜。周襄王將祭祀家廟的肉頒賜給齊桓公，對齊桓公是絕大的尊榮，因為齊國君主姓姜，與姓姬的周王不同宗，本來沒有資格接受姬氏祖廟的祭肉，周襄王如此做法，等於對天下聲明齊桓公是周王家族的自己人，意在言外，也就是承認齊桓公可以統領各諸侯。歷史學家以葵丘會盟為齊桓公霸業的起始與象徵，其依據在此。

齊桓公對於周襄王「不必下拜」的命令，則誠惶誠恐不敢奉旨，仍然下拜後才接受姬氏祖廟的祭肉，這種做法的意思，是藉此表示自己堅決承認周襄王的天下共主地位，貫徹尊王原則，但也自視為周王的一家人，可以代替周王維持國際秩序，從此確定自己的霸主身分。周襄王與齊桓公藉葵丘會盟上的一拉一唱，成功建構春秋時代由霸主主導的國際關係，雙方各有付出，也各有所獲，聯合演出一場精彩的政治大戲。國際上政治與外交如何實務運作，看懂這場大秀即不難了然於胸。

⊙ 姬帶體制外奪權／管仲堅守本分

洮地與葵丘兩次會盟穩定了周襄王的局面，諸侯國紛紛表態支持周王，卻阻斷姬帶尋求各諸侯國支持其奪權計畫，也就是在封建體制內奪權之路，以姬帶的個性與企圖，他非另找途徑不可。

姬帶另找的奪權途徑非常「老式」，就是到周朝封建體制以外找出路：請老外幫忙。西周幽王時就發生過這種事（已如前述），到春秋時這更不是難事。原來春秋時代中原地區華夏、戎狄雜居，洛陽東邊和西南邊郊外都有戎人部落，只要誘之以利，就可以發動戎族傭兵為自己辦事。果然公元前六四九年各方戎族被姬帶發動，聯合攻打王城，放火焚燒東門，周襄王又陷入險境。

這次戎族傭兵的攻勢迅速猛烈，周襄王即使通知齊國，可能也遠水救不了近火，這時比較靠近周的秦國和晉國聞訊起兵勤王，攻擊戎族，才把周襄王保住。戰事停止後，晉惠公讓戎狄和周王室講和，情勢也平靜下來。秦國與晉國願意出兵勤王，可能是看到齊國先前兩次召開會盟，確定了周襄王的地位，本身也成為霸主，自己卻都沒有參加，顯然錯失機會，現在正好藉此事件表現一下，送個恩惠給周襄王，提高自己的國際地位。周襄王到此時則已忍無可忍，解決戎族問題後，在齊、秦、晉三個諸侯大國都表態支持自己的形勢下，公元前六四八年他終於下定決心討伐弟弟姬帶，兄弟二人直屬力量對決的結果，姬帶失利，逃往齊國，齊國將他收留。

周王室茶壺裡的風暴規模雖然很小，對於逃來的姬帶，齊國卻不得不做出反應。齊國的反應是收留姬帶，並沒有把他這個叛逆綁送洛陽聽候周襄王發落，說基於人道理由是可以，說扣住姬帶這張牌以牽制周王室也無不可。然而如此做就必須給周襄王一個交代，何況身為霸主沒有幾年，周王有難卻未能救援，還使秦國、晉國藉機勤王，大出風頭，如果沒有動作，霸主地位將立刻喪失。基於這種考慮，齊國打出王牌：派丞相管仲出使周，讓戎狄和周王室講和，另派隰朋出使晉國，讓戎狄和晉國講和。其實前一年在晉國中介下，周王室已經和戎人講和，此時齊國舊事重提，要周王室和戎人再講一次和，正是要展現霸主地位，強調國際紛爭必須由霸主解決；另外中介戎狄和晉國講和，也是間接向晉國示威，要晉國明瞭誰是霸主老大。

有被收留的姬帶做為暗牌，管仲的外交活動大為成功。事情辦完後，周襄王招待管仲，採用上卿的禮儀。當時各諸侯國的卿分為上、下兩級，上卿由周王指派，下卿由各諸侯分封。身為齊國下卿的管仲一看到這種場面，立刻推辭，周襄王顯然有備而來，接著說：「舅父，我嘉獎你的功勳，接受你（謙讓）的美德，我深深不忘。去執行你的（上卿）職務，不要違背我的命令。」舅父指齊桓公，因為姬、姜二氏幾百年來一直通婚。這話在公開場合說出，實在是棉裡藏針的高級外交辭令。表面上大捧管仲與齊桓公，以周王的身分既嘉獎其功勳，又讚揚其謙虛，但也另含藉天子的地位強行提升管仲的品階，利用齊桓公不在場的機會直接示惠於管仲，暗藏挑撥離間齊國君臣之意，藉以迂迴表示對齊國收容姬帶的關切與不滿。

老江湖管仲當時年過七十，一輩子經歷大風大浪，豈會不知周襄王心思？管仲不再囉嗦，以行為回應，堅持接受招待下卿的禮儀後，告辭歸國。做為齊桓公的大臣三十幾年，管仲完全明瞭所謂「誰是老闆」的道理，對這種天上掉下來、外包糖衣內含毒藥的空頭人情堅決拒絕，表面上是謙虛到底，實則藉此表示看破周襄王挑撥離間的計謀，重申對齊桓公的絕對效忠。

現代政府官員、工商企業的重要幹部，也可能碰上類似管仲出使時的狀況，在與外界接觸時，利誘、色誘與名誘可能隨時冒出來，端看當事人如何處理。

⊙周襄王召回姬帶／借狄兵娶狄后／狄后與姬帶通姦／周襄王流亡

周襄王的位子暫時穩住，可是不久齊國卻發生變化，連動到周王室。原來管仲出使周王後三年死去，又兩年後齊桓公也去世，六個公子爭位，內鬥不休，齊國從此衰微，霸業不再，無力過問周王。

齊國衰微後，周襄王少掉一個靠山，卻也增加一些自由行動的空間，這可能使他想做一些事，以求恢復一些威望。公元前六三八年，周襄王將弟弟姬帶從齊國召回。《左傳》記載此舉出於大夫富辰的建議。富辰認為，如果周王室內部兄弟間都不融洽，又怎能抱怨諸侯對王室不和睦？周襄王聽了高興，就召回姬帶。這段記載明確指出，周襄王召回姬帶是手段，追求諸侯對王室和睦才是目的，可見周襄王確實希望重振王室聲威，姬帶也就在他的這種考量下回到洛陽。

周襄王既有重振王室聲威之意，當然會尋找機會。恰好距離周不遠有一個小小的滑國，位居衛國與鄭國之間，衛、鄭雙方都想控制它。滑國傾向衛國，鄭國不滿，出兵攻打，周襄王心血來潮，擺出一副周天子、諸侯大家長的架勢，派出兩位使者到鄭國，請鄭國不要攻打滑國。鄭國是周的老對頭，當然不肯聽從這種沒有實力做後盾的空話，遂把周襄王的使者扣留以示抗議。這樣一來，周襄王的面子全失，如果還想有所作為，就必須有所行動。

在估量本身實力不足，又想給鄭國一個教訓以重新樹立天子威權，周襄王走上多次有人走過的老路：尋求老外幫忙。公元前六三六年，他竟不聽勸諫，派頹叔、桃子二大夫為特使聯絡狄族，引進狄族勢力，指使狄族當傭兵攻打鄭國。一見插手中國的機會自動送上門來，狄人欣然同意出兵。狄軍兵強馬壯，一出手就擊敗鄭國，占領櫟地，替周襄王出了多年的怨氣。周襄王感激之餘，進一步尋求狄人支持，方法是娶狄族領袖之女為王后。堂堂周朝王后是華夏第一夫人，位置非同小可，所以此事在當時是對狄族的妥協甚至讓步，不可以現代的背景理解。

於是周王朝出現外籍第一夫人，一位狄族外籍新娘成為中國天子的正妻，她名喚叔隗。這位外籍新娘王后嫁給周襄王時應該只有十幾歲，但出身狄族領袖家庭，她顯然是個我行我素的女孩，自己的感情生活靠自己追求。也許她對父親安排的丈夫不滿意，也許姬帶看上狄人的勢力，主動勾引她，總之嫁入周王室不到幾個月，狄后就與姬帶通姦起來。周襄王新娶來的王后選擇小叔姬帶做為感情與政治冒險的伴侶，周王室內帶著異國色彩的不倫之戀八卦遂強烈爆發。

周襄王以天子之尊竟發現綠帽壓頂，窩囊、憤怒與悔恨之下，只有廢后一條路。狄后一廢，原來奉派出使狄族的頹叔、桃子大起恐慌，只怕狄人找他們算帳。聰明的他們也立刻找到應對之策：轉而把賭注押在已和狄族建立特殊關係的姬帶身上，奉姬帶為主，攻打周襄王，希望解決周襄王後，姬帶稱王，狄后還是王后，則一切沒事，他們還可在新周王與狄族前兩面立功。周襄王的衛隊準備抵抗，周襄王說：「（如果抵抗）先王后會說我什麼呢？寧可讓諸侯來商議處理吧。」就離開王城，躲到坎欿（周地名）。這可視為一條符合孝悌之道的以退為進之計，用以爭取群眾及諸侯支持。果然洛陽王城裡的臣民表態，把周襄王接回王城。

於是姬帶和頹叔、桃子變成騎虎難下。自從狄后八卦發生，他們的政治前途已經和狄人綁在一起，此時知道本身的德行與力量都確定不夠，只有一不做二不休，說動狄人出兵，領著狄軍攻打周襄王。這次是外族來犯，周襄王守土有責，只得起而抵抗。周王軍在強大的狄軍前不堪一擊，好幾位大夫戰死或被俘，周襄王見事不妙，趕快逃進鄭國領土，狄軍才沒有追來。由於周、鄭素有過節，周襄王不敢到鄭國首都，只在鄭國的氾地住下，派出使者到幾個重要諸侯國告急，請求救援。鄭國君主聽說，畢竟血濃於水，趕快跑到氾地覲見周襄王，建築房舍，送上各種供應品，周襄王才安頓下來。

狄后和姬帶這對王家情侶或者姦夫淫婦依靠狄人兵力擊敗周軍，趕走周襄王，志得意滿，自己宣告當起周王周后來；但他們怕洛陽城裡的臣民仍然效忠周襄王，不利於己，就搬到溫住下。溫國早在十幾年前就被狄族滅掉，此時屬於狄人勢力範圍，是狄后和姬帶的當然選擇。

事情發展至此，王室感情與倫理問題轉變成國際政治問題，導致大國插手，局勢急轉直下。

⊙ 霸主晉文公表態／亂事平定／霸主的盤算／周襄王、晉文公過招

插手的大國是晉國。晉國當時由晉文公在位，自從齊國霸業結束，宋襄公想稱霸卻被楚國擊敗後，晉國成為中原最強的諸侯國，自然興起經營霸業的念頭。周王室鬧出八卦與政治動盪後，做為在政治江湖上混了一輩子，歷盡風雨，經驗豐富的大國領導人，晉文公君臣立刻看出這是打出「尊王攘夷」牌，以晉身霸主的好機會；尤其秦國的國君秦穆公也是懷有稱霸野心的政客，正在打同樣的算盤，已經在黃河邊集結軍隊，所以出手必須快！幸好晉國位於山西，距離周比位在陝西的秦國近，正好搶在秦國之前動手。

果然公元前六三五年，晉文公派出使者辭謝秦國，同時跟沿途的外族搞好關係，保證道路暢通後立刻出兵。晉軍分為兩路，第一路到鄭國氾地迎接流亡在外的周襄王，其意在儘快將天子掌握住，以免別人捷足先登。幾百年後在東漢末年的大動亂中，曹操把輾轉於洛陽、長安，狼狽不堪的漢獻帝迎接到許昌，納入自己掌控，用的就是這一招「挾天子以令諸侯」。第二路兵馬則趁狄軍來不及救援前直攻溫城，破城後抓到姬帶與狄后，毫不猶豫地在附近殺掉。這是對周襄王表態：這兩個傢伙反正得死，我就扮個黑臉，先替你殺掉，免得你將來還有所顧忌，生怕落下一個殺弟之名。

晉文公不愧一輩子浮沉政海的老江湖，抓住機會立即介入，以狠、準、穩的手法殺死那對出軌的王室戀人，迎接襄王復位，使周襄王即使身在他的掌握之中，還得對他充滿感激之情，他自己則趁勢登上霸主寶座。

要霸主幫忙，免不了付出代價，幫忙解決這樣生死攸關的問題，代價當然很高。事情平定後，周襄王在晉國大軍簇擁中回到洛陽，重登天子之位，就大開宴席，招待恩人晉文公。宴會上周襄王向晉文公敬酒後，命晉文公回敬，使晉文公雖然身為臣下，卻得以和周天子酬酢，這在封建體制下，是大大抬高晉文公的地位。晉文公得意之下打蛇隨棍上，他請求周襄王同意，在他死後，用「隧葬」的方式埋葬。

兩千多年以後的今天，我們都可以想見周襄王一聽之下，臉色大變的樣子。這個請求的確過分，毫無保留地展現晉文公的野心。因為依照周代封建制度，「隧葬」這種埋葬法只有天子能夠採用，方式是挖空一座山的中間做為墓室，棺木由挖洞的隧道抬進墓室後，再把隧道封住，如果選定在平地埋葬，則要動員大量人力，堆土成山，並在中間預留墓室與隧道的空間。晉文公甚麼都不要，只要求周襄王允許死後隧葬，從周襄王的觀點看，背後的意思擺明就是：「我有生之年絕對尊你為王，至於你我的子孫上台後怎麼樣，那大家看著辦。」

晉文公的這套謀略使人又想起曹操。曹操曾說：「若天命在孤，孤其為周文王矣！」這話表面上是自比周文王的以大事小，所謂「三分天下有其二，以服事殷」，實際上是說給兒子聽的：「你老子還要面子，所以不會篡位，我死之後，你就可以像周武王一樣的動手了。」果然曹操一死，他兒子曹丕立刻篡漢，將父親挾了二十多年的傀儡天子漢獻帝拉下台。所以如果說曹操是晉文公九泉之下八百年以後的知音，應不為過。假如周襄王答應，將來晉文公隧葬之例一開，其他諸侯必然紛紛跟進，那種諸侯都稱王的戰國場景，可能要提早兩百年到來，周朝恐怕也不可能撐到八百年。

面對恩人攤牌，如此困難的局面，周襄王畢竟是經過大風大浪的人，他立刻一整臉色，正面迎戰，當場拒絕晉文公的要求。周襄王一本正經地明白告訴晉文公，隧葬是國王的制度，晉國的德行還不到取代周王朝的時候，所以如果同意你隧葬，那就要變成兩個國王了，「這也是叔父您所討厭的吧。」[1]輕輕把一頂封建禮法制度的大帽子，扣到晉文公頭上，意思是：「你不是以尊王攘夷，維護封建制度為號召的霸主嗎？不好意思自相矛盾吧？如果這樣冒天下之大不韙，別人還會服從你嗎？你又怎能領導諸侯呢？」這種以其道還治其人之身的說法，巧妙運用晉文公必須顧及各諸侯國觀感與反應的考量，解消掉撲面而來的政治危機，使人對這位飽經憂患的空頭國王，終究不得不刮目相看。

周襄王立即的危機解除了，但免不了付出實質的代價。為酬謝與安撫晉文公，周襄王將陽樊、溫、原、欑茅四處地方送給晉國做為謝禮，原本在山西的晉國遂擴張到太行山以南，直抵黃河北岸。晉文公雖然要求隧葬不成，卻面子、裡子並得，事情才終告落幕。

按1 ｜因為晉國君主是與周王同姓的諸侯，也姓姬，故如此敬稱。

事件的餘波與影響

東周王室弄到這種地步，本來就所剩無多的土地又失去一片，勢力更為削弱，威嚴則更蕩然無存。三年以後的公元前六三二年，霸主晉文公召開諸侯會議，竟派人要周王離開首都洛陽去參加。對這種犯上無禮的行為，周襄王人在矮簷下，不得不低頭，也只得乖乖出席。後來此事竟使孔子作《春秋》時被迫睜眼說瞎話，記載為「天王狩於河陽」（天子周王到河陽打獵）。總之，由周襄王發動，春秋時代周王振興王室的最後一次努力，到此以全盤失敗告終，西周初年建構的封建秩序進一步崩壞，並且江河日下，終至消逝，永不回頭。

實力欠缺的周襄王借助狄人勢力以振興周王室的念頭，被歷史殘酷地證明只是一廂情願、不切實際的想法。狄后應該是個只有十幾歲的小姑娘，她顯然不滿政治婚姻帶來的丈夫，任性地追求愛情，卻誤闖政治叢林，結果不但為自己帶來殺身之禍，也使狄族已經搭至周王室的橋梁斷絕，狄族因此喪失影響周王室乃至中國的希望。王弟姬帶背叛了哥哥，也破壞了嫡長子繼承的封建制度與「兄弟妻，不可欺」的倫理道德；但從「盜嫂」一事及後續的發展看來，他完全是犧牲在自己的政治野心與圖謀中。這三個人牽扯進彼此的恩怨情仇，不可自拔。兩千多年之後的我們看來，竟都帶著挑戰宿命失敗的悲劇色彩，令人在八卦之餘，油然產生「哀矜而勿喜」之情，為之浩歎。

透過這齣悲劇，歷史殘酷地證明周朝王室已經徹底衰落，只要王畿不能擴大，實力不能增加，則一切復興的圖謀，終將成空。周襄王面對晉文公隧葬的大膽要求，採取拒絕隧葬而改以割地因應，表示他經此一事後終於充分了解，對於一個沒落的中央而言，「名」已經比「實」更重要。只要藉由實際行動，對那些野心爭霸的諸侯明白表示：「我已經毫無實力，不會對大家構成任何威脅，你們要爭就自己去爭吧。」就可以繼續苟延殘喘下去，直到像「五毒」一般的各諸侯國自相殘殺，殘殺到出現能夠統一天下的最後一個時，周朝才會真正滅亡。做為一個衰敗王朝的繼承人，這可能是保住王朝與祖宗香火的最佳選擇了。

看起來周襄王的選擇沒有錯，因為在狄后事件落幕後，周王朝雖然變成完全被人輕視，少人理會，卻又維持了三百八十年才被秦國滅亡。

歷史上的政治就是這樣殘酷與現實，殘酷與現實得讓人必須了解。

⊙宗法制度：封建的脊梁

周襄王、狄后、王弟姬帶的八卦與悲劇，其發生的背景是中國傳統婚姻制度與由此產生的宗法制度，有必要說明。

中國古代婚姻制度的基本精神在於：「承認任何處於優勢地位的男人，就有更多繁衍後代的權利，也就是可以擁有更多女人。這種狀況應該合法化與合理化；但同時要儘可能避免因此在家庭內引起的爭端與問題。」在此前提下，貴族必然「合法與合理」地擁有許多女人；然而共事一夫的女人們會爭寵妒忌，互相爭鬥，各女人生的兒子更會爭奪繼承權，家庭內部關係因此經常處於緊張狀態，又必須設法解決。

中國傳統文化的解決之道，是將婚姻制定為「一妻可納妾制」，並非如一般認為的多妻制。在一妻可納妾制婚姻下，家庭內男主人只有一個正式的配偶，稱為「妻」，是家庭正式的女主人，妻在服裝、車輛等禮儀制度方面與丈夫享受同等待遇，周朝時國王的妻稱為「后」。除此之外，男主人可以擁有數量不定的其他女子，稱為「妾」。妾被認為只是服侍男主人的女僕，地位低於妻，理論上，妻有權力管理妾，妾則應該對自己卑微的地位認命。妻生的子女為嫡子女，嫡長子是當然的繼承人；妾生的子女為庶子女，庶子女的地位低於嫡子女。周朝時國王的妾有許多等級，各有稱號，以後一直被中國歷代宮廷沿襲。

一妻可納妾制婚姻建構的家庭，嚴格區分妻、妾，嫡子、庶子，形成確立宗族組織法規的制度，稱為「宗法制度」。周朝時王室是全國第一家庭，為避免第一家庭內部爭端影響國家，推行封建時全國政治資源必須合理分配，而分配的依據就是宗法制度。以宗法制度為指導原則進行的封建制度，內容為正妻所生的嫡長子繼承父位，其他諸子則可能被分封為下一級貴族，至無可分封為止。可以如圖表示：

• 宗法制度下的周朝封建系統圖

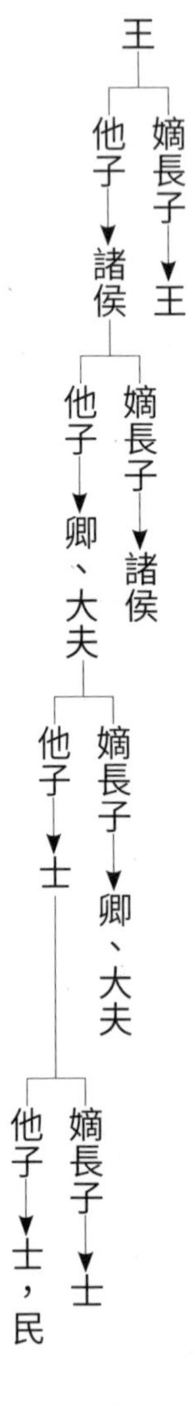

正是：

王綱墜落水流東　兄弟依戎計已窮
豈料狄家豪放女　忽成周室暴飆風
情絲壺內通溫內　兵氣朝中滯洛中
二載孽緣真化幻　桓文霸業竟成功

史籍原典

《左傳・僖公八年》

八年春，盟於洮，謀王室也。鄭伯乞盟，請服也。襄王定位而後發喪。

冬，王人來告喪，難故也，是以緩。

《左傳・僖公十二年》

冬，齊侯使管夷吾平戎於王，使隰朋平戎於晉。

王以上卿之禮饗管仲，管仲辭曰：「臣，賤有司也，有天子之二守國、高在。若節春秋，來承王命，何以禮焉？陪臣敢辭。」王曰：「舅氏，余嘉乃勳，應乃懿德，謂督不忘。往踐乃職，無逆朕命。」管仲受下卿之禮而還。君子曰：「管氏之世祀也宜哉！讓不忘其上。《詩》曰：『愷悌君子，神所勞矣。』」

《左傳・僖公二十四年》

鄭之入滑也，滑人聽命。師還，又即衛。鄭公子士、洩堵俞彌帥師伐滑。王使伯服、游孫伯如鄭請滑。鄭伯怨惠王之入而不與厲公爵也，又怨襄王之與衛、滑也，故不聽王命而執二子。王怒，將以狄伐鄭。富辰諫曰：「不可……。」王弗聽，使頹叔、桃子出狄師。夏，狄伐鄭，取櫟。

王德狄人，將以其女為后。富辰諫曰：「不可……。」王又弗聽。

初，甘昭公有寵於惠后，惠后將立之，未及而卒。昭公奔齊，王復之，又通於隗氏。王替隗氏。頹叔、桃子曰：「我實使狄，狄其怨我。」遂奉大叔，以狄師攻王。王御士將禦之。王曰：「先后其謂我何？寧使諸侯圖之。」王遂出。及坎欿，國人納之。

秋，頹叔、桃子奉大叔，以狄師伐周，大敗周師，獲周公忌父、原伯、毛伯、富辰。王出適鄭，處於氾。大叔以隗氏居於溫。

《左傳．僖公二十五年》

秦伯師於河上，將納王。狐偃言於晉侯曰：「求諸侯，莫如勤王。……今為可矣。」……晉侯辭秦師而下。三月甲辰，次於陽樊。右師圍溫，左師逆王。夏四月丁巳，王入於王城，取大叔於溫，殺之於隰城。

戊午，晉侯朝王，王饗醴，命之宥。請隧，弗許，曰：「王章也。未有代德而有二王，亦叔父之所惡也。」與之陽樊、溫、原、欑茅之田。晉於是始啟南陽。

參

一個成功
男人的背後

晉文公的女人們

女人特有的才能，

是比男人更了解男人。

——雨果

（Victor Hugo, 1802～1885，法國作家，著有《鐘樓怪人》等書）

◆問題的提出

春秋時代登位之路最漫長也最曲折的君主，應該非晉文公（公元前六三六至前六二八年在位）莫屬，甚至因為如此，他的年齡到現在還是一個有待釐清的問題。對此本書採用楊伯峻先生考證的結論：《左傳》的記載正確，晉文公應當生於魯莊公二十三年（公元前六七一年）。至於他一生的女性關係，那更是精彩絕倫，還與他的成功密切相關。

晉文公姬重耳一生妻妾眾多，他身邊的女人又來自多個地方，籍貫不同，生活習慣顯然會有差異，口音應該也不一樣，用現代的話來講，有說山西話的，有說山東話的，有說陝西話的，有說河南話的，還有帶著點洋腔洋調的。這些女性的身分、地位差異更大，出身最高貴的，有春秋五霸之首齊桓公的女兒一位、春秋五霸之一秦穆公的女兒兩位；其次是貴族女子，包括三位秦國宗室姑娘與他早年的妻妾兩位；再次是狄族廧咎如部落的季隗，她原本是該部落首領家族的女子，只因家族在狄人的內戰中失敗，她被俘或當成禮物送給勝利的部落，又被勝利者當成禮物送給姬重耳；再次是一個周王直轄區的女子，名不見經傳，地位應該不高；最後還有一位驚鴻一瞥，倩影乍現乍消的美女，名叫南之威，出身不明。

古代君主身邊必有許多女人，君主與他妻妾的關係，本來有模式可循。一般而言，君主與他正妻的關係可能有愛，也可能沒有；但必然有「敬」，即統治者與他的正妻相敬如賓。所謂「妻者，齊也」，即使是表面，第一家庭夫妻間仍有必要相敬如賓，因為他們必須以此面對國內人民與國際場合，撐起宮廷與國家的面子。至於古代君主與他的嬪妃，即妾之間的關係，則大不相同。傳統中國的婚姻制度是「一妻可納妾制」，妾被視為服侍主人的婢女，地位低落。家庭裡男主人擁有最高地位，其次是女主人，都可以支配其他人，從帝王宮廷到一般百姓家中都是如此。對於妾這樣地位低落的女人，男主人可以寵愛她，也可以冷落她，甚至可以賣掉或殺掉她；妾對男主人通常只能在畏懼中討好，有時撒一下嬌，要點錢討點東西而已；女主人則有的唯恐妾會「篡位」，對她們十分敵視，有的卻可能和某個妾組成聯合陣線，以掌控丈夫及其他的妾，這種情況宮廷中尤其明顯，在中國歷史上不斷重演。

然而在姬重耳身上，我們卻看到例外，似乎他的女人緣特別重、特別好，他身邊的女人也與眾不同。姬重耳的女人往往很有個性，對他這個丈夫講話直來直往，很不給他留餘地，有的毫不留情地揭穿他的私心，有的碰到他不耐煩、無禮時立刻沉下臉來當面抗議，有的發現勸諫不聽，乾脆設計鑾幹，至於心狠手辣，殺人滅口，更不在話下。此外，史書中非但沒有留下這些女人彼此間爭寵互鬥的紀錄，反而出現為家庭與國家和諧而讓位的特殊案例。姬重耳與他妻妾們的關係與互動，顯然不合乎中國傳統；那麼，為甚麼這種情況在他身上和他的家庭中發生？這與他的個性有關嗎？還是存在著其他原因？他的妻妾們又有何個人與時代背景，才造成她們如此鮮明而特殊的個性？種種問題，都涉及春秋時代宮廷與貴族社會的男女關係，有待回答。

⊙ 參考資料

依據《左傳》、《史記》等史料，我們對晉文公姬重耳的生平與他的女性關係可以列出下列表格做為基本參考資料。

• 晉文公妻妾關係表（依後宮地位排序）

晉文公姬重耳

妻妾	子嗣
① 文嬴	
② 偪姞	→ 晉襄公
③ 季隗	→ 二子
④ 杜祁	→ 一子
⑤ 齊姜	
⑥ 嬴氏	
⑦ 嬴氏	
⑧ 嬴氏	
⑨ 懷嬴	→ 一子
⑩ 周氏	→ 晉成公
⑪ 南之威	？

• 晉文公姬重耳年譜簡編（依據《左傳》）

公元前	中國紀年	大事
六七一年	魯莊公二十三年 晉獻公六年	出生，為晉獻公庶子。
六六六年	魯莊公二十八年 晉獻公十一年	獻公寵後夫人驪姬，命太子申生、公子重耳、夷吾不可定居首都，重耳受命防護蒲城。
六五六年	魯僖公四年 晉獻公二十一年	驪姬設陰謀，申生被逼自殺，驪姬子奚齊為太子，重耳逃往蒲城。
六五五年	魯僖公五年 晉獻公二十二年	獻公派名「披」的太監率兵攻打蒲城，重耳不敢抵抗，翻牆逃走，衣袖被披砍斷，逃到赤狄區安頓，娶季隗。
六五一年	魯僖公九年 晉獻公二十六年	獻公死，奚齊、驪姬妹之子卓子相繼為國君，都被大臣里克殺死。里克迎接重耳回國繼位，重耳拒絕。

公元前	中國紀年	大事
六五〇年	魯僖公十年 晉惠公元年	里克迎接夷吾為國君，是為惠公。惠公逼死里克。
六四五年	魯僖公十五年 晉惠公六年	秦、晉交戰，晉大敗，惠公被俘，和議後放回。
六四四年	魯僖公十六年 晉惠公七年	惠公派披謀刺重耳，重耳逃往齊國，沿途備極辛苦，在齊國被齊桓公招待，娶齊桓公女姜氏。
六三九年	魯僖公二十一年 晉惠公十二年	重耳被灌醉離開齊國。曹共公偷窺重耳入浴。
六三八年	魯僖公二十二年 晉惠公十三年	重耳至宋國。 惠公太子自秦逃回晉。
六三七年	魯僖公二十三年 晉惠公十四年	惠公死，太子繼位，是為懷公。 重耳至鄭國、楚國，以「退避三舍」回復楚成王「如何報答？」的提問。至秦國，秦穆公妻以五女，包括晉懷公妻。

公元前	中國紀年	大事
六三六年	魯僖公二十四年 晉文公元年	重耳回晉國殺懷公即位，是為晉文公，封賞功臣。 周王室發生狄后、王弟姬帶通姦反叛事件，周襄王逃至鄭國。
六三五年	魯僖公二十五年 晉文公二年	晉文公出兵勤王，殺姬帶、狄后，迎周襄王復位，得到部分周王直轄領土，稱霸天下。
六三二年	魯僖公二十八年 晉文公五年	城濮之戰，文公兌現「退避三舍」諾言。晉擊敗楚，召周襄王開會，確立霸權。
六二八年	魯僖公三十二年 晉文公九年	文公死。偪姞之子姬歡繼位，是為晉襄公。
六二七年	魯僖公三十三年 晉襄公元年	晉大敗秦，俘虜三員大將。文公正妻、秦穆公之女文嬴說服襄公，將三人送還。

晉文公姬重耳女性關係始末

⊙ 晉獻公時代的宮鬥／被迫流亡

晉文公姬重耳生於公元前七世紀的晉國，父親是晉獻公（公元前六七六至前六五一年在位），母親是西戎女子狐季姬，故有一半戎族血統，也注定生下來就是庶子。

晉獻公是個典型的春秋時代大國君主，好戰、好色，冷酷無情。他即位初期的事蹟一是與父親晉武公的妾、齊桓公之女姜氏通姦，生下大兒子申生，立為太子，又生下女兒穆姬，後來嫁到秦國，就是秦穆公的夫人；二是放縱弟弟們彼此爭奪產業，自相殘殺，互相消滅，他則坐山觀虎鬥，以鞏固政權。在位時不斷作戰，曾以「假道虞以伐虢」的計謀，一舉攻滅虢、虞兩國，又滅魏國[1]等，史書稱他「並（併）國十七，服國三十八」。他還曾攻打驪戎，獲得兩位驪戎姑娘做妾，大的稱為驪姬，特別受寵愛，生子取名奚齊，小的也生子，取名卓子。

這樣一個君主家庭，可想而知必然充滿鬥爭、陰謀與暴力。姬重耳做為父親

按1｜春秋時代國名，並非戰國時代從晉國分裂出來的魏國。

晉獻公的庶子，雖然不是太子，並非宮廷鬥爭的直接目標，卻仍然是間接目標，因為政治叢林鬥爭的法則就是「主要敵人一旦消滅，次要敵人就成為主要敵人」。在這種背景下，他不可避免地捲入後母驪姬爭奪太子的風暴，幾乎喪命。

晉獻公的夫人本是賈國宗室女子，並不受寵，也沒有生育。驪姬生子後，在枕邊細語的攻勢下，晉獻公將驪姬扶正為夫人，驪姬的宮鬥成功一半。為獲得全面成功，驪姬設下陰謀詭計，使晉獻公相信太子申生想要毒殺自己，萬念俱灰的申生自殺。形勢發展至此，重耳與弟弟夷吾這兩個年紀比較大的庶子，立刻由次要敵人升格成主要敵人，被驪姬安上「知情不報」的罪名。當驪姬要晉獻公召這兩個兒子進京，準備一網打盡時，兩兄弟都看穿陰謀，分別逃回自己負責防守的城池，這樣更坐實了「違背君父之命、心懷叵測私逃」的罪名，於是分別受到追殺。

追殺重耳的任務，由一個名叫「披」或「勃鞮」的太監率軍執行。披領兵以最高速度衝抵蒲城，殺進重耳家裡。重耳不願抵抗，翻牆逃走，披追上來，一劍揮去，斬斷重耳的袖子。好不容易躲過殺劫的重耳，只得落跑出國，躲到母親娘家的狄族部落避難。

重耳雖然是晉國的公子，但母親不受寵，又很早身不由己地捲進宮廷鬥爭中，這樣的命運使他在憂患與危險中成長；然而奇特的是，他並沒有變成一個陰鬱消沉或凶狠毒辣的人，倒是一直樂天知命，不失赤子之心。普及歷史書寫的先行者陳文德先生在《亂世經營術：齊宋晉秦楚吳越大變局中的興亡剖析》一書中如此分析姬重耳：

生性溫和，並略帶浪漫情調，頗富文才，興趣廣泛，不在乎權位，好結交各式各樣的朋友，而且禮賢下士。

這樣的個性使他在晉國的聲望極高，很早就有大批的追隨者，謀士、勇將皆備，形成一個實力堅強的政治集團。重耳逃難時，這些幹部紛紛追隨他來到狄族地區，可見向心力之強，這也是支持他後來終於能登上晉國君主寶座的基本團隊。

- **同是天涯淪落人：落難公子配女俘／同甘共苦十二年／「等我二十五年」**

狄族君主收留這個落難的外孫，讓他們安頓下來，還送了兩個來自廧咎如部落的女俘給重耳，姊姊稱為叔隗，妹妹稱為季隗。重耳自己娶季隗，生下兩個兒子，取名伯儵、叔劉；而將叔隗嫁給首要的部下趙衰，生子趙盾。

這樣一個流亡集團在狄人地區一住十二年，約占重耳流亡十九年時間的60%。一般歷史書很少討論到他們這段期間的狀況；然而既然時間如此之長，變動又如此之小，這個政治集團此時特別平靜的情形反而使人好奇，值得追究其原因。

重耳及其集團在狄人地區是公元前六五五至前六四四年間的事。在這些年間，除最早獻公還活著的幾年外，晉國不斷發生大事，處於極度動盪不安中。

• 公元前六五一年，晉獻公二十六年九月

獻公死，驪姬子奚齊繼位為國君。大夫里克等堅決拒絕，鼓動申生、重耳、夷吾三公子留在首都的黨徒作亂。十月，里克殺死正在守喪的奚齊，獻公的託孤大臣荀息又立卓子為君。十一月，里克一不做二不休，竟在朝堂上將卓子殺死，荀息自殺，驪姬也被殺死。至此，晉國宮廷內的驪戎勢力被血腥肅清，里克迎接重耳回國繼位，重耳婉拒。

• 公元前六五〇年，晉惠公元年

里克迎接夷吾回國繼位為國君，是為惠公（公元前六五〇至前六三七年在位）。惠公恐怕里克專權，回國前先答應割地給秦國，取得秦穆公的支持，出兵護送，果然順利即位。惠公回國登位後，立刻與原來的當權派，以里克為首的大臣集團發生權力衝突，逼死里

克，此後引發連串的大臣被殺。

- **公元前六四七年，晉惠公四年**

晉國飢荒，向秦國購買糧食，秦國同意供應，晉國才度過荒年。

- **公元前六四六年，晉惠公五年**

秦國飢荒，向晉國購買糧食。晉惠公君臣會議結果，認為可以藉此削弱秦國，拒絕供應。

- **公元前六四五年，晉惠公六年**

晉惠公夷吾回國繼位時，為取得秦國支持，曾允諾割讓大片土地給秦國，後來反悔，又不肯出售糧食。秦國在新仇舊恨中出兵伐晉，晉國士氣低落，連戰連敗，惠公被俘。惠公大姊秦穆公夫人聞訊，帶著兩兒兩女登上高台，其中一個兒子還是秦國太子，腳下放置大量柴草，派人傳話給丈夫秦穆公說：「只要晉國君主早晨進入首都，我就晚上死；晚上進入首都，我就早晨死。」秦穆公因此不敢舉行戰勝獻俘典禮，只將晉惠公拘留。

秦、晉議和，晉惠公被放出拘留所，住進客館。晉國太子姬圉入秦做為人質，和議完成，秦國放回晉惠公。

‧公元前六四四年，晉惠公七年

惠公回國後顏面掃地，威嚴全失，深覺不安，怕大臣對自己不滿轉而支持重耳，決定先下手為強，派出上次刺殺重耳未成的太監披率領刺客二度來殺重耳。重耳得到消息，匆忙離開狄地，前往齊國。

從以上各年中發生的大事看，重耳的不介入晉國事務政策堪稱高明。他父親晉獻公在位時，他當然不能動，也不敢動；但是獻公一死，里克連殺二君，迎接他繼位時，對於這個天上掉下來的機會，重耳卻以這樣的言辭拒絕：

「我違背父親的命令，私逃出國，父親去世，又不能盡人子之禮守喪，重耳怎敢回國！請大夫您改立其他公子。」

完全從周代封建政治下的倫理道德著眼，可謂冠冕堂皇，拒絕有理。當然重耳一定清楚，里克與他的政治集團當時既已殺紅了眼，又已嘗到大權在握的甜頭，只是缺少一個名義上的君主而已，此時如果答應他的邀請回國繼位，必然成為他的傀儡。更有甚者，重耳自己有一個關係緊密的政治班底，一旦回國成為傀儡君主，代表必須放棄這群難能可貴的部下，任何胸懷大志的政治人物都不會這樣做。但如果帶著這個集團回國，則必然很快與里克集團發生正面衝突，己方出國流亡多年，雖說與晉國的聯絡沒有斷，但留在國內的殘餘力量能否鬥得過里克集團，很難預料，勝算可能不高。所以這件事從哪個角度看，都並不有利而且充滿風險，徹底拒絕才是明智之舉。

於是重耳在打發走里克的使者後，就回家安安靜靜繼續過日子，一邊監看環境，等待機會。這段落難公子配女俘的婚姻生活，也就平平穩穩地一年一年過去。

在這段期間，重耳穩坐狄人區，看著弟弟夷吾平地起高樓，當起晉國君主，接著春風得意，大殺權臣，然後唯利是視，師心自用，結果被恩人秦國狠狠教訓，一敗塗地，如果不是大姊使出絕招，可能連性命都不保，心中感慨必然極多。

然而可能感嘆還沒完，弟弟夷吾派出的殺手披太監就已經陰魂不散地再度出現，逼得他又得手忙腳亂地落跑。這次他決定向遠處跑，以在東海之濱的齊國為目標。齊國距離晉國遙遠，當時又是天下霸主齊桓公在位，足以有效嚇阻忌妒的弟弟與他派來的殺手。為行路方便，重耳沒有帶妻、子同行。一陣慌亂後臨行匆匆，重耳與妻子季隗道別，戀戀不捨還帶點孩子氣地說道：

「等我二十五年，我不來才改嫁。」

想不到季隗毫不含糊，這位狄族的姬太太一句話就頂回去：

「我二十五歲了，還要這樣才能嫁，到那年紀都要進棺材了。讓我等你吧。」

話說得很明白：你們男人的私心，老娘清楚，別在這裡賣乖！老娘已經嫁給你了，當然等你，你放心。

此話一出，重耳想必放下心來，還難免帶著幾分慚愧。這位自己和妻子都真人不說假話的公子就這樣踏上茫茫難測的第二段流亡之路；但他當時一定意想不到的是，命中注定，路上還有好些性格鮮明的女子等著出現在他身邊。

⊙此間樂，不思晉矣：落難公子配霸主女兒／樂不思晉／殺人滅口、灌醉夫君

從狄人地區到齊國要經過衛國。衛國的國君是個勢利眼，看到這個既是喪家之犬，又是晉惠公眼中釘的落難公子，拒絕接待，這個亡命團體只得繼續趕路。

一群人走到五鹿（今河南濮陽東南）地方，絕糧，這時也顧不得身分，只得向正在田邊吃午飯的農夫乞討。面對幾個馬車上下來又餓又累又髒的貴族討東西吃，那位農夫應該是又生氣又好笑，隨手拿起一塊泥土遞給他們，身體語言明白表示：「你們這些平常高高在上的傢伙也有今天！吃土去吧！」重耳一見，貴公子的性格發作，立刻就要舉起馬鞭打人，他舅舅狐偃連忙攔住，對重耳說：「上天賜給我們的。」重耳一聽就懂，當即低頭行禮，恭恭敬敬地接過土塊，放到車上載走。

這一幕互動的意象是如此生動，足以充分說明姬重耳與他這個政治團隊的特色。重耳開始的反應是要動手打人，這是真性格的展現，也是做為貴族階級必然有的反應：貴族的身分不容許平民老百姓拿來開玩笑。然而一聽到舅父的勸諫之言，立刻轉怒為喜，從諫如流，向瞧不起自己的農夫低頭，正好落實中國傳統「狂夫之言，聖人擇之」的政治主張，做足納諫、親民的君主身段，同時呼應狐偃的言外之意：「這是有人送上一塊土地的徵兆，公子，您正是上天選定的國君啊！」可見他開始像個成熟的政治領袖了。同團的人都是政治的老江湖，到此當然個個了然於胸；而這段事蹟能夠流傳到今天，成為晉文公的創業軼事，應該與重耳集團以後常向人提起這個故事有關。

帶著飢餓的肚子與偉大的故事，這個團體終於到達齊國。齊桓公一見十分高興，把一個女兒嫁給重耳，還送來二十套馬車，從此流亡政團人人得以安居樂業。當時齊國既是天下霸主，又商業發達，都市繁榮，首都臨淄可謂春秋戰國時的花花世界。做為齊國君主的駙馬，又是國君特別招待的人，重耳在臨淄日子過得怎樣舒適，不難想見，難怪他就這樣過了五年（公元前六四四至前六三九年），什麼也沒做。

對於政治人物，尤其是寄人籬下的政治人物而言，這幾年老實說也不容易過，原來他們竟遇上東道主齊國爆發動亂，內鬥激烈，風雨飄搖。重耳到齊國的第二年（公元前六四三年），齊桓公死，六個公子立即大打出手，爭奪君主之位，齊桓公的屍體擺著長期無人聞問，屍水橫流，蛆蟲到處亂爬。齊國的太子政爭失敗，逃往宋國，桓公的庶子姜無虧被近臣擁立繼位，才將桓公收殮。公元前六四二年，宋、曹、衛、邾四國支持齊國的太子，組成聯軍伐齊，齊軍戰敗，國內發生政變，姜無虧被殺，其他四個公子也被宋軍擊敗，原來的太子得以回國即位，是為齊孝公。

在公元前六四三至前六四二年齊國的動盪中，齊國本身派系鬥爭激烈，還引來四國聯軍干預，但重耳並未受到波及，應該是他們這個團隊在舒適的生活中韜光養晦，小心翼翼度日的緣故。等到齊孝公即位，齊國安定下來，重耳才真正輕鬆下來，享受起在臨淄無所事事的好日子。

可是這卻不是重耳的部下們希望的。他們還是等了大約三年，三年後，眼看公子仍然「此間樂，不思晉矣」，加上齊國內亂兩年，國力虧損，居然被宋國擊敗，霸業從此煙消雲散，想要借助齊國的力量回晉國爭位的希望也煙消雲散，顯然齊國已不可久留。部下們瞞著重耳，在戶外大桑樹下商量離開齊國的事，卻不料樹上有耳，這些話全被一個在樹上採桑葉的養蠶女僕聽到。這位女僕向女主人密報，把部下們的密謀和盤托出。重耳的姜氏夫人不愧是齊桓公的女兒，她聽完後的反應是，立刻乾淨俐落地把女僕殺死，然後跑去和丈夫攤牌說：

「您有經略四方的大志，知道這事的人，我已經殺掉了。」

大吃一驚的重耳回答：

「沒這回事呀。」

姜氏夫人說：

「走吧，眷戀妻子，貪圖安逸，實在會敗壞你的名聲。」

重耳否認的事，就是「經略四方的大志」，卻正是姜氏夫人對丈夫的期望。從這裡我們看到在中國傳統父系社會中，「妻以夫為貴」、「女生外向」（女子婚後心向夫家）、「嫁出去的女兒，潑出去的水」、「嫁雞隨雞，嫁狗隨狗」等成語的真正意義。姜氏夫人雖然是齊國君主之女，當時也身在齊國首都，只因已經出嫁，就完全以晉公子家庭女主人的身分思考問題，看待事情。對女主人來說，不論這個蠶桑女僕是齊國的暗樁，或只是個忠心耿耿的單純屬下，她都已經「匹婦無罪，懷璧其罪」了，因為不論出於何種理由，一旦計畫從她口中洩漏，齊國都可能扣住重耳做為對晉國外交的籌碼，再也不會放行。所以為避免任何計畫洩漏的風險，只有殺掉她才能一勞永逸！於是，心念電轉之下，姜氏夫人就毫不猶豫地動手幹了。請注意這件事發生時，姜氏夫人嫁給重耳五年，以春秋時代女子的結婚年齡推算，她應該在二十歲左右。這樣的年紀，就懂得把不想奔走前途的丈夫推出門外，還能殺人滅口不眨眼，由此可見春秋時代貴族女性的心態、作風與她們的養成教育是怎樣的內容。

人都殺了，牌也攤了，重耳卻仍然拒絕離開齊國，也就是拒絕離開齊國安逸的日子。姜氏夫人改弦更張，不再跟丈夫囉嗦，改為和狐偃合謀，找個機會把重耳灌醉，裝上馬車就出發了。等到重耳一覺醒來，發現整個原來的團隊已經離開齊國首都，正在全速趕路，姜氏夫人卻未隨行。重耳心知這是齊國太太和舅舅合謀，貴公子的個性再度發作，抄起一枝戈來就要砍舅舅狐偃，狐偃逃走，他還在後面追。

兩千多年以後，我們都可以想像那時在齊國道路邊發生的狀況：幾輛馬車猛然停下，一個初入中年的晉國公子帶著宿醉的酒氣跳下車，氣急敗壞地拿著戈，追逐他將近老年的狄族舅父，只因他的齊國太太和狄族舅父設下計策，不惜蠻幹，也要將他從安樂窩中推回到危險的政治江湖上。這意象鮮明的一幕非常重要，它是晉文公姬重耳一生中心理層面最重要的轉折點。

當然，追了一會兒也就算了，重耳畢竟沒有真正殺死、殺傷狐偃，否則他的政治生命早就在這一刻終結。值得注意的是，這次事件就是重耳最後一次貴公子脾氣的明白發作。依照史書的記載，從此以後，重耳彷彿脫胎換骨，不管是在風塵僕僕的流亡路上、爾虞我詐的外交場合、高來高去的國君賜宴、五位嬴氏美女圍繞的秦國生涯、秦國妾翻臉、步步殺機的回國繼位，乃至於以晉國君主的身分在戰場上與楚國對壘、處理周王室的醜聞紛爭等等，他的表現都是個成熟老練的政壇領袖，貴公子的習性幾乎消失得無影無蹤，這種改變就像一個大男孩通過成年禮，轉變成男人一樣。對這種驚人的轉變，比較合理的解釋，應該是他的姜氏夫人一手主導了他的成年禮。對姜氏夫人安排的一切，重耳本來只能心不甘情不願地接受；但他在宋國鄉下捱餓時已經初露成年的端倪，再加上這次有如當頭棒喝的震盪，終於使他大澈大悟，徹底通過考驗，成為真正的男人，從此做好一個春秋時期政治領袖應該做的事，成大功，立大業。丈夫的改變與成功，正好證明姜氏夫人這位齊桓公的女兒，確實是春秋時代齊國貴族女性的菁英。她做為政治人物妻子的那股英姿，充滿幹勁、明快、務實、殘酷；她的成就，在歷史中閃閃發光，令人難忘。

⊙應對得當，能屈能伸：落難公子志氣昂揚／一娶五女／肉袒謝罪

離開齊國後，一行人經過曹國、鄭國，都並不順利。鄭國效法衛國，緊閉城門，拒絕接待；曹國倒是開門接待了，但君主曹共公另有心思，他聽說重耳身材健壯，胸前肌肉結實，看不見肋骨，竟乘重耳洗澡時窺浴。這位曹共公是健美體態的瘋狂崇拜者或是同性戀不得而知，倒是曹國大夫僖負羈的妻子聽說此事，連忙對丈夫表示，她估計晉國公子必然能夠回國繼位，然後成為天下霸主，那時找曹國君主算帳，曹國上下就要倒楣，所以「你何不趕快向他表示自己不同？」如夢初醒的僖負羈連忙贈送重耳一盤食物，在飯菜下面藏了一塊玉璧。重耳發現後，收下飯菜，退回玉璧。

「茶葉罐底部藏黃金、水果籃下層放鈔票」，大家應該耳熟能詳，其實兩千六百多年前送禮就是這樣一回事了。重耳此時接受食物，正表示既領情，也了解對方的意思；退

回玉璧，則表示既不貪心，也還沒有窮成什麼都要。在此處我們看到一女一男兩個成熟政治人物的風采，即使彼此並未見面，仍然心領神會，共同譜出一段中規中矩的政治樂章；而政治上已經成年的重耳，女人緣竟然好到在這種地方也能表現出來。

然後這群人轉向西南，來到南方的霸主楚國。楚國當時由楚成王（公元前六七一至前六二六年在位）主政，大擺宴席款待。當著大群人面前，楚王問重耳道：

「公子若能返回晉國，則將怎樣報答寡人？」

這話半開玩笑半認真，笑裡藏刀，很難應付。重耳的回答是先捧楚國一陣，說楚國人口眾多，物產豐富，甚麼都有，晉國那些物產區域，還是從楚國延伸過去的，所以：

「不知道用甚麼報答您。」

企圖四兩撥千斤，將壓力輕輕卸掉。楚成王立刻發現自己將陷入窘境，只有以君主與地主的威勢繼續堅持：

「雖然如此，你怎樣報答我？」

這話說得很重，已經瀕臨攤牌。重耳卻不慌不忙，必恭必敬地回答說：

「如果託您的福，能夠返回晉國，晉國、楚國操演軍隊，在中原相遇時，會退兵三天行程以避讓您。如果沒有獲得您停止的命令，就讓我左手拿著馬鞭和弓，右肩掛著箭囊和弓袋，與您轉轉圈子。」

這是一段極為精彩的春秋時代外交辭令。翻譯成白話文的意思是：大王，您既然不接受我的四兩撥千斤，非要逼我回答，那我也就不客氣了。我現在以未來晉國君主的身分答覆您，照這樣看，貴我兩國將來可能要發生戰爭。看在今天份上，那時我會退讓一下，您最好也知難而退，見好就收；否則我必然與您認真較量。

即使寄人籬下，生命都在對方掌握中，重耳卻仍然威風凜凜，站在晉國君主的立場講話，真可謂不卑不亢，保持國格與人格，應對得宜。他的措詞極為客氣，實質卻一絲不讓，割地送錢一概免談，而且綿裡藏針，有警告對方的意思：我弟弟夷吾當年在秦國出的醜、丟的人我都知道，我不是他，絕不會這樣做，你也別想效法秦國君主，輕易擊敗晉國，如果你還有這種妄想，那我們就戰場見。

楚國大將子玉聞言大怒，請楚成王殺掉重耳，楚成王拒絕。《左傳》記載他先大大讚美重耳與其部下一番，然後歸結於天命，說出理由：「上天要振興他，誰能衰敗他？違背天意必有大災禍。」將重耳集團彬彬有禮地送出國境，還指點他們一條明路，前往秦國。

對於楚成王這種決定，各種歷史愛好者探討得不多，可能因為的確不容易探討；然而敘述晉文公的流亡，就不得不分析這一段，現在就從楚成王處理對外關係的紀錄，試行分析其原因：

楚成王是楚文王之子，弒兄長奪位。即位初年廣布恩德，與各諸侯修好，向周天子進貢，並大力在南方開拓疆域，以鞏固王位，充實國力。實力充足後開始向東北方發展，先後滅亡弦、黃、英、夔等國。楚成王在歷史舞台上的時代略晚於齊桓公（公元前六八五至前六四三年在位），但兩人在位時間有二十多年重疊，關係密切，齊、楚二國就在兩人主導下爭霸，歷時十餘年。這兩位君主同樣聰明，爭霸時都不願直接與對方作戰，避免損人不利己，而是專門攻擊對方的附庸小國或雙方之間的中立小國，以擴大己方集團，壓制對方集團。在此種背景下，楚成王習慣也需要保持泱泱大國君主的架勢與面子，可能他判斷晉國當時內亂連綿，還被秦國打得大敗，並非楚國爭霸中原的主要對手，這才訴諸天命，放重耳一馬，或許更有收攏晉國人心，希望將來對抗齊、秦時能得到一個與國的幫助之意。

於是公元前六三七年，晉公子姬重耳帶著一批屬下來到秦國。秦國當時是秦穆公（公元前六五九至前六二一年在位）主政，見到重耳很高興，竟一次將五個嬴家女兒嫁給重耳，這也是古代常用的手法，意思是：「你的後宮我們全包了。」五位嬴氏美女中為首的是秦穆公的女兒文嬴，當然成為重耳在秦國時的正妻；但還有另一位秦穆公的女兒懷嬴，又稱辰嬴，卻讓重耳大傷腦筋。原來懷嬴本是晉惠公太子姬圉的妻子，姬圉在秦國做人質時嫁給他，論輩份是重耳的侄媳婦。公元前六三八年，晉惠公夷吾生病，姬圉聞報，從秦國不告而別，私逃回國。他逃走時懷嬴知情，但並未揭穿。到此時晉惠公已死，姬圉繼位，是為晉懷公。秦穆公對此想必十分惱怒，他報復晉懷公的方法，是培養重耳，協助他回國爭位；而他教訓女兒懷嬴的方法，則是把她改嫁給原來丈夫的伯父，順便攪亂晉國宗室的倫理，以期使重耳成為搶奪侄媳婦為妾的伯父，與侄子晉懷公徹底決裂。

形勢發展至此，寄人籬下的重耳經過諮詢與考慮，發現不娶懷嬴將引發秦國不滿，可能撤銷對他的支持，問題比娶更大，只得娶了，所以這件事可說是「性與婚姻版的投名狀」。懷嬴這邊卻應該憋著一口悶氣，無從發作。她與前夫姬圉結縭六年，感情並無不睦，也曾偷偷送走胸懷大志的丈夫；然而一旦父命難違，竟然改嫁給前夫的伯父，心中的滋味想必很不好受。果然一次重耳洗手，由懷嬴捧著盛水的小盆為重耳澆水，重耳洗完後雙手一陣揮，水滴灑在懷嬴身上，這位秦穆公的女兒立刻發怒，說道：

「秦、晉是同等的國家，為甚麼輕視我？」

兩千多年以後我們讀這段歷史，彷彿仍然看到這位憋著一肚子氣的秦穆公女兒，終於火山爆發時的自信與凜然。這話說得極重，而且說得巧妙，意思是：「夫君，你因為我是二嫁女人而看不起我吧，請你注意，我是秦國君主的女兒，地位跟你這晉國君主的兒子一樣！」意在言外：尊重我一點，否則你就是不尊重秦國，也不尊重我父親。你的前途現在全靠我老爸，我如果在老爸跟前告你一狀，你吃不了兜著走！

面對又一個自己的女人翻臉攤牌，這次重耳深刻了解其嚴重性，真正害怕了。重耳脫下上衣，光著脊梁，叫人把自己綁起來，向懷嬴謝罪。古代社會男尊女卑、妻妾分明，懷嬴論地位只是重耳的妾，發兩句脾氣，居然使做丈夫的鄭重其事地道歉到如此地步，可見這件事有多重要。當然重耳是個真性情的人，做錯事就道歉應該出自真心；但如此大張旗鼓，公開進行，其目的一方面是給足懷嬴面子，安撫家內；另一方面是做給秦穆公埋伏在他身邊的暗樁看，讓後臺主人秦穆公安心。這個危機能夠化解，顯示重耳此時的政治手腕已進入高段，一場誠懇的公開表演，能屈能伸，帶著他的個人風格，更顯示出他的人格魅力，一舉收服五位嬴氏美女的心。

⊙回國登位／後宮排序／最後二女

公元前六三六年，晉公子姬重耳在秦國出兵護送下，回到睽違十九年的晉國。經過一番爭鬥，晉懷公被殺，重耳成為晉國君主文公。大勢底定後，晉文公派出幾路使者，接回散居各處的妻妾，於是諸位重耳的女人齊聚晉國後宮。

重耳出逃之前，原有二位妻妾杜祁、偪姞，此時加上狄族的季隗、齊國的姜氏和五位秦國來的嬴氏，總共九人。各方女士聚集晉宮，第一件必須決定的大事就是她們在後宮的排名，尤其以確定君主正妻，也是後宮之主最為重要。這些女子彼此差異非常大，本來已經十分複雜；何況她們都曾經與重耳在不同的環境下相處，也都曾有過特殊的關係。杜祁、偪姞是重耳早年的元配；季隗、齊姜在與重耳相處的日子裡，地位分別等同重耳的妻，何況還各自有狄族、齊國的後台；至於文嬴領頭的五位嬴氏，不但人多勢眾，超過九位妻妾的半數，而且重耳是靠秦國的力量回國登位，文嬴的父親秦穆公此時也健在，其分量顯然不同於他人。依常理看，晉文公時期的晉國後宮，其實隨時可能出問題。

面對這種狀況，如果有人想等著晉文公後宮裡的八卦爆發，準備看宮鬥的好戲，那就要失望了。根據《左傳》的記載，這九位女士居然自行理出排名，從根本消弭掉宮鬥的可能，不能不說是中國宮廷史上的奇蹟。此事由二位元配中的杜祁發起。原來文嬴嫁來後並未生育，另一位元配偪姞則早就生子姬歡，這個小孩應該從小得到老臣們的支持，在晉文公的兒子中地位最高，就是未來的晉襄公。杜祁顯然是以此為著力點，雖然她也有兒子姬雍，卻主動退讓，甘居偪姞之下，使母以子貴的偪姞排名第二；但又考慮到季隗背後的狄族勢力，於是再讓季隗排名第三，高於自己，她遂在晉文公後宮中排名第四。

從這裡我們可以看出杜祁的智慧。由於文嬴的出身最高貴，娘家實力最雄厚，晉文公是靠秦國支援才得到君位，而且嬴家姊妹人多勢眾，文嬴怎麼說都是當然的晉文公正妻，後宮之主；加上季隗、齊姜又各有來頭之下，杜祁只能退而求其次，與偪姞組成聯合陣線，以保住姬歡的繼承人之位，然後以繼承人之母的身分，使偪姞高居第二位，做為二人的自保之道。然而季隗娘家狄族的力量也很大，而且與晉國緊鄰，對晉國很重要，因此杜祁再度退讓，使季隗位居第三，自己退居第四，以安撫她。至於齊姜，雖然當年地位高貴，父親曾是天下霸主，但此時齊桓公已死，齊國內亂連連，國勢不振，距離晉國又遠，杜祁遂不再讓。面對形勢比人強，從前殺人不眨眼的齊姜，也就只能接受第五位的排名了。

排到這裡，五位妻、妾身分有待確定的女子已經各安其位，剩下四位嬴氏，本來就是從嫁的妾，順理成章位居第六至第九。其中懷嬴因為是二嫁，雖然也是秦穆公的女兒，還為晉文公生了一個兒子姬樂，反而變成排名第九，屈居末位。懷嬴的遭遇使我們認識，在中國傳統倫理道德與周朝宗法制度之下，一個宮廷女子怎樣受到命運的擺布，身不由己。因為如此，懷嬴對身分地位一定特別敏感，這是她心中永遠的痛。做為丈夫，了解這種狀況，對這位特殊的妾既應該關懷愛憐，也要儘可能解消她一旦發作帶來的後果。所以晉文公姬重耳一見她發怒，立刻高規格地公開肉袒謝罪，還跟她生了一個兒子，正表示他真懂女人心。

晉文公平生最後兩個女人，出現在他擔任晉國君主時期（公元前六三六至前六二八年）。第一位女士出身周王在洛陽一帶的直轄領土，因此稱為周氏，不知其名。她與晉文公生了一個兒子，取名黑臀。《史記．晉世家》記載姬黑臀是晉文公的小兒子，而晉文公曾於公元前六三五年插手東周王室，平定周襄王之弟姬帶的內亂，還跟周襄王宴飲酬酢，已如前述；所以這位周氏很可能在這時成為晉文公的小妾，甚至不排除是周襄王為招待晉文公安排的「謝禮」。這位女士此後完全沒沒無聞，她的兒子黑臀則一直居住在洛陽，直到公元前六〇七年，晉襄公的兒子晉靈公無道被弒，才被晉國迎接回國繼位，就是晉成公。周氏與晉文公的緣分很淺，地位也低，在洛陽成長的晉成公姬黑臀因此在晉國毫無力量，大權必定旁落，這可能才是他被選上繼承君位的真正原因。從此以後，晉國進入由卿當政的局面，君主失權，漸漸淪為虛位，也就是後來韓、趙、魏三家分晉的根源。

最後那位驚鴻一瞥，倩影在晉文公身邊隱隱約約的美女，名叫南之威。這位女士最早出現在中國的典籍中，已經是戰國時代，距離晉文公在位時約二百八十年。《戰國策》記載戰國初年魏國強盛，附近幾個小國的君主來朝拜，魏惠王（公元前三七〇至前三一九年在位）大擺宴席接待他們。宴會中魯國君主舉杯祝酒，對魏惠王說：「從前晉文公得到美女南之威，三日不上朝聽政，於是遠遠推開南之威，說：『後代必有因色而亡國的。』」以此勸諫身旁有兩個美女陪伴的魏惠王不要好色。南之威就這樣藉著戰國時魯國君主之口，宣告出現。

這個故事是真是假，實在難以判斷。《戰國策》記錄的外交辭令、辯士議論，本來就充滿虛誇，南之威這位女士，在《史記》以前的歷史典籍中又只出現過這一次，是歷史研究上所謂的「孤證」，無法交互比對，其真實性只能存疑。不論如何，南之威與晉文公倒是一個很有趣的故事，充滿道德教化意味，萬一是真的，大概我們對晉文公這個男人的自制力刮目相看以外，還要對美女南之威戲劇性的遭遇寄予同情。她陪伴晉文公三天，溫柔綺靡浪漫的七十二小時後，立刻被這位歷經各種女人的國君狠狠踢開，成就了晉文公的歷史賢名，她卻從此不知所終。照這樣看，或許我們寧可相信這是魯國君主編造出來的故事，心情還會比較平靜。

中國宮廷歷史特例：晉文公與他的女人們

春秋初年周王室衰微，列國林立，互相爭戰。經過一段時間後，齊、秦、晉、楚四國逐漸擴張，逐漸強盛，相繼稱霸。這四個國家彼此差異很大，卻有一項共同的特徵：都位居當時華夏文化的邊區，齊國在東，楚國在南，秦國在西，晉國在北。這四國因此具有向外部擴張的空間，可以收服過夷狄族群，將其土地與人民變為己用，後來都發展成大國，也都出現過英明強悍的國君，相繼稱霸，成為領導春秋時代的霸主。然而在霸主群中，晉文公姬重耳是唯一親身經歷過四大國生涯，也在外族社會待過多年的君主，這種經驗非常獨特而且寶貴，使他眼界開闊，心胸廣大，能夠妥善處理國家大事，在歷盡艱難後，終能成功，登上春秋霸主之位，歷史留名。

在家庭和兩性關係的領域，晉文公也得心應手，這也應該與他既經驗豐富，又能自我反省有關。他的女人緣濃重，跟女性的關係密切，一生不斷面對各種不同的女性；然而他眼界開闊，心胸寬大，對兩性與家庭事務同樣能妥善處理。面對他的女人們，他有時無意，有時有心，不斷出現的態度與作為，始終使人有真性情的感覺，永遠讓女性感動。在此種氛圍下，兩性互動良好，他的女人們面對這樣一位夫君，可以多少脫離春秋時代宮廷貴族的禮數、儀式與虛偽，也以真性情面對丈夫。所以季隗會在臨別時直接揭穿丈夫做為男人的私心，就是個狄族女子的真面目；齊姜殺人滅口，已經將妻子的身分與對丈夫的關切完全且極端地表態，發現勸夫不成，就不動聲色，設定計謀加上蠻幹，非把丈夫導入他身分應該有的軌道不可，正是春秋最高層貴族女性、霸主之女的真情流露；懷嬴發怒，毫不掩飾地展現她內心的痛苦，同時顯示春秋最高層貴族女性、霸主之女的驕傲，當然是當時這樣身分與遭遇女子的本色；杜祁思慮周密，做事面面俱到，以身作則，輕鬆擺平本來複雜的後宮，自己也立於不敗之地，如果用《紅樓夢》裡的女性做比喻，她就是薛寶釵型的人物，這大概就是她的本性，換一個人，恐怕也難以做到。

所以晉文公姬重耳這位先生，可以說是真正做到「修身、齊家、治國、平天下」了。我們如果就宮廷女性的立場深入思考這段歷史，將會發現做為男人與女人，晉文公姬重耳與他的女人們，雖然有時確實可怕，但就政治人物而言，實際上算是滿可愛的。世界上願意以真性情對人的政治人物極少，因此在中國宮廷的歷史上，他們是如此特殊，如此不凡，才能留下如此精彩獨特的許多篇章，傳誦到今天。

正是：

〈浪淘沙〉

一望野茫茫　花葉飛揚　晉家公子止何鄉
多少崎嶇身是客　漫捲行裝
情義照衷腸　幾地紅妝　西東處處見英孃
成就良人登霸主　不負名香

史籍原典

《左傳・僖公四年》

初，晉獻公欲以驪姬為夫人……立之。生奚齊，其娣生卓子。及將立奚齊，既與中大夫成謀，姬謂大子曰：「君夢齊姜[2]，必速祭之。」大子祭於曲沃，歸胙於公，公田，姬寘諸宮。六日，公至，毒而獻之，公祭之地，地墳。與犬，犬斃。與小臣，小臣亦斃。姬泣曰：「賊由大子。」大子奔新城，公殺其傅杜原款。或謂大子：「子辭，君必辯焉。」大子曰：「君非姬氏，居不安，食不飽。我辭，姬必有罪。君老矣，吾又不樂。」曰：「子其行乎？」大子曰：「君實不察其罪，被此名也以出，人誰納我？」十二月，戊申，縊於新城。姬遂譖二公子曰：「皆知之。」重耳奔蒲，夷吾奔屈。

《左傳・僖公五年》

公使寺人披伐蒲。重耳曰：「君父之命不校。」乃徇曰：「校者，吾讎也。」踰垣而走。披斬其袪，遂出奔翟。

按2｜晉獻公父妾，獻公與她通姦，生申生。

《左傳‧僖公九年》

九月，晉獻公卒。里克、丕鄭欲納文公，故以三公子之徒作亂。……

冬，十月，里克殺奚齊於次。……荀息立公子卓以葬。

十一月，里克殺公子卓於朝。荀息死之。

齊隰朋帥師會秦師，納晉惠公。

《左傳‧僖公十五年》

晉侯之入也，秦穆姬屬賈君焉，且曰：「盡納群公子。」晉侯烝於賈君，又不納群公子，是以穆姬怨之。晉侯許賂中大夫，既而皆背之。賂秦伯以河外列城五，東盡虢略，南及華山，內及解梁城，既而不與。晉饑，秦輸之粟；秦饑，晉閉之糴，故秦伯伐晉。

……戰於韓原。晉戎馬還濘而止，公號慶鄭。慶鄭曰：「愎諫違卜，固敗是求，又何逃焉？」遂去之。……秦獲晉侯以歸。

……穆姬聞晉侯將至，以大子罃、弘與女簡、璧，登臺而履薪焉。使以免服衰絰逆，且告曰：「上天降災，使我兩君匪以玉帛相見，而以興戎。若晉君朝以入，則婢子夕以死；夕以入，則朝以死。唯君裁之。」乃舍諸靈臺。……乃許晉平。

《左傳・僖公二十二年》

晉大子圉為質於秦，將逃歸，謂嬴氏曰：「與子歸乎？」對曰：「子，晉大子，而辱於秦。子之欲歸，不亦宜乎？寡君之使婢子侍執巾櫛，以固子也。從子而歸，棄君命也。不敢從，亦不敢言。」遂逃歸。

《左傳・僖公二十三年》

狄人伐廧咎如，獲其二女，叔隗、季隗，納諸公子。公子取季隗，生伯儵、叔劉。以叔隗妻趙衰，生盾。將適齊，謂季隗曰：「待我二十五年，不來而後嫁。」對曰：「我二十五年矣，又如是而嫁，則就木焉。請待子。」處狄十二年而行。

過衛，衛文公不禮焉。出於五鹿，乞食於野人，野人與之塊。公子怒，欲鞭之。子犯曰：「天賜也。」稽首受而載之。

及齊，齊桓公妻之，有馬二十乘。公子安之，從者以為不可，將行，謀於桑下。蠶妾在其上，以告姜氏。姜氏殺之，而謂公子曰：「子有四方之志，其聞之者，吾殺之矣。」公子曰：「無之。」姜曰：「行也。懷與安，實敗名。」公子不可。姜與子犯謀，醉而遣之。醒，以戈逐子犯。

及曹，曹共公聞其駢脅，欲觀其裸。浴，薄而觀之。僖負羈之妻曰：「吾觀晉公子之從者，皆足以相國。若以相，夫子必反其國。反其國，必得志於諸侯。得志於諸侯，而誅無禮，曹其首也。子盍蚤自貳焉？」乃饋盤飧，寘璧焉。公子受飧反璧。

……及楚，楚子饗之，曰：「公子若反晉國，則何以報不穀？」對曰：「子女玉帛，則君有之。羽毛齒革，則君地生焉。其波及晉國者，君之餘也，其何以報？」君曰：「雖然，何以報我？」對曰：「若以君之靈，得反晉國，晉楚治兵，遇於中原，其辟君三舍。若不獲命，其左執鞭弭，右屬櫜鞬，以與君周旋。」

子玉請殺之。楚子曰：「晉公子廣而儉，文而有禮。其從者肅而寬，忠而能力。晉侯無親，外內惡之。吾聞姬姓，唐叔之後，其後衰者也，其將由晉公子乎？天將興之，誰能廢之？違天必有大咎。」乃送諸秦。

秦伯納女五人，懷嬴與焉。奉匜沃盥，既而揮之。怒曰：「秦晉匹也，何以卑我？」公子懼，降服而囚。

《左傳・昭公十三年》

我先君文公，狐季姬之子也，有寵於獻。好學而不貳，生十七年，有士五人。……亡十九年，守志彌篤。惠、懷棄民，民從而與之。

《左傳・文公六年》

八月乙亥，晉襄公卒，靈公少，晉人以難故，欲立長君。……賈季曰：「不如立公子樂。辰嬴嬖於二君，立其子，民必安之。」趙孟曰：「辰嬴賤，班在九人，其子何震之有？……杜祁以君故，讓偪姞而上之，以狄故，讓季隗而己次之，故班在四。」

《左傳．宣公二年》

宣子使趙穿逆公子黑臀於周而立之。

《戰國策．魏策二》

梁王魏嬰觴諸侯於范臺。酒酣，請魯君舉觴。魯君興，避席擇言曰：「……晉文公得南之威，三日不聽朝，遂推南之威而遠之，曰：『後世必有以色亡其國者。』……今主君之尊，儀狄之酒也；主君之味，易牙之調也；左白臺而右閭須，南威之美也；前夾林而後蘭臺，強臺之樂也。有一於此，足以亡其國。今主君兼此四者，可無戒與！」梁王稱善相屬。

《史記．晉世家》

（獻公二十六年）里克等已殺奚齊、悼子，使人迎公子重耳於翟，欲立之。重耳謝曰：「負父之命出奔，父死不得脩人子之禮侍喪，重耳何敢入！大夫其更立他子。」

（靈公十四年九月）乙丑，（趙）盾昆弟將軍趙穿襲殺靈公於桃園而迎趙盾。……趙盾使趙穿迎襄公弟黑臀於周而立之，是為成公。成公者，文公少子，其母周女也。壬申，朝於武宮。

《白虎通・嫁娶》

妻者，齊也。與夫齊體。

《後漢書・方術列傳上・樊英》

嘗有疾，妻遣奴婢拜問，英下床將答拜，（陳）寔怪而問之，英曰：「妻，齊也。共奉祭祀，禮無不答。」

肆

改變國際局勢的春秋第一交際花

夏姬與她的男人們

男人較易上當，往往行為可笑滑稽，男人的社會是個可笑的社會。女人因為受男人壓迫，所以在某種意義上，反而比男人更加自由。女人較少受教條束縛她們的行為，她們比較不容易被權威哄騙。

——沙特

（Jean-Paul Sartre, 1905 ～ 1980，法國作家、存在主義哲學家，著有《存在與虛無》等書）

◆問題的提出

若論春秋時代以美色、放蕩與交際手腕著稱的貴族女子，排名第一非夏姬莫屬。夏姬出身鄭國宮廷，是鄭穆公（公元前六二七至前六〇六年在位）之女，鄭靈公（公元前六〇六至前六〇五年在位）之妹，她的事蹟包括：

——早年的兩任丈夫都短命而死，第二任丈夫留下一個兒子。

——做為寡婦的夏姬在陳國高張豔幟，同時至少與陳國的國君及兩個大臣有染。

——媽媽的三個入幕之賓亂開玩笑，夏姬的兒子不能忍耐，就殺死陳國的國君，自立為君，陳國內亂。楚國以平定陳國內亂為藉口起兵，夏姬的兒子被楚軍俘獲殺死，陳國滅亡。

——夏姬被俘到楚國，楚王想將她納入後宮，被大臣申公巫臣勸止。

——楚國的一位高官也想娶她，又被申公巫臣勸止。

——楚王將她賜給一位將軍為妾，第二年這位將軍就在對晉國的戰爭中陣亡。他的兒子又和夏姬通姦。

——楚國大臣申公巫臣設定計策，背叛楚國娶了夏姬，二人逃到晉國。至此，夏姬的故事才告一段落；但夏姬事件對歷史的影響卻剛剛開始。

從夏姬的事蹟看來，她絕對可以稱為春秋時代的第一交際花。對這樣一個女人，傳統的歷史一向以「淫蕩」、「不祥」等批評她，認為只要沾上夏姬，不論是她的丈夫、情人、兒子、國家，莫不走上絕路；而能夠接受勸諫不去碰她的，還可以算是賢明的國君與大臣。然而，如果我們對夏姬事件的思考僅止於此，那就只能在煽色腥的八卦或泛男性中心的道德主義中打轉，無法認清夏姬事件在春秋時代的意義，與她不知不覺中對歷史造成的影響。夏姬事件是春秋時代的頂尖八卦之一，但對於夏姬事件，在八卦之餘，我們必須研究：為甚麼當時會出現這樣的事情？這是單一特殊事件或有普遍的背景？這樣事情的發生，有地緣關係嗎？這個事件怎樣發生意想不到的力量，影響到以後歷史的發展？等等，才算沒有枉談這個八卦。

⊙ 基本資料

依據《左傳》的記載，做為一個遊走於男人群中的女子，從男女關係出發，與夏姬有關或命運受到她影響的男人至少包括：

1——子蠻：夏姬最早的丈夫或最早跟她有性關係的男性，不知何人，短命而死。

2——御叔：夏姬的第二任丈夫，陳國宗室大夫，短命而死，與夏姬生子徵舒。

3——陳靈公（公元前六一三至前五九九年在位）：陳國君主，夏姬成為寡婦後同時的情人之一，被弒。

4——孔寧：陳國大夫，夏姬成為寡婦後同時的情人之二，後被迫逃亡。

5——儀行父：陳國大夫，夏姬成為寡婦後同時的情人之三，後被迫逃亡。

6——洩冶：陳國大臣，為夏姬之事向陳靈公進諫，卻在陳靈公默許下被孔寧、儀行父所殺。

7——夏徵舒：夏姬與御叔之子，從母姓，任陳國的卿。因不堪被陳靈公等三人嘲笑，殺死陳靈公自立為君，不久楚國攻來，戰敗被俘後被殺。

8——楚莊王（公元前六一三至前五九一年在位）：楚國君主，春秋五霸之一。藉口討伐弒殺陳靈公的叛逆夏徵舒，乘機滅掉陳國，擄回夏姬。本想納夏姬入後宮，後接受勸諫而放棄。

9——子反：楚國公子，楚莊王之弟，擔任楚國右軍指揮官。本想娶夏姬，後接受勸告而放棄。

10——連尹襄老：楚國大夫，楚莊王將夏姬賜給他為妾。次年他參加對晉國的戰爭，結果陣亡，屍體也被晉軍搶去。

11——黑要：連尹襄老之子，連尹襄老死亡後與夏姬通姦。後被楚大夫子反、子重殺死，家產被子反侵占。

12——申公巫臣：楚國大夫，姓屈。勸諫楚莊王與子反不要娶夏姬，自己卻安排計策，娶了夏姬後逃亡到晉國。後來擔任晉國出使吳國的特使、援助吳國軍事顧問團團長。

• 夏姬事件大事年表

公元前	中國紀年	大事
時間不詳		夏姬初嫁子蠻或與子蠻發生性關係，後子蠻死。 夏姬嫁給陳國宗室大夫夏御叔，生子夏徵舒，後御叔死。
六〇〇年	周定王七年 魯宣公九年 陳靈公十四年 楚莊王十四年	陳靈公、孔寧、儀行父與夏姬通姦。洩冶進諫被殺。
五九九年	周定王八年 魯宣公十年 陳靈公十五年 楚莊王十五年	夏徵舒殺陳靈公於家中，自立為陳國君主。孔寧、儀行父逃奔楚國。

公元前	中國紀年	大事
五九八年	周定王九年 魯宣公十一年 陳成公元年 楚莊王十六年	楚莊王討伐夏徵舒，攻入陳國殺之，並滅陳。後接納勸諫，恢復陳國，陳從此淪為楚的附庸國。夏姬被擄至楚，楚莊王、子反先後欲娶夏姬，被申公巫臣分別勸止。楚莊王將夏姬賜與連尹襄老為妾。
五九七年	周定王十年 魯宣公十二年 陳成公二年 楚莊王十七年	楚、晉開戰（邲之戰），楚國戰勝。連尹襄老參戰陣亡，屍體被晉軍搶走。連尹襄老之子黑要與夏姬通姦。楚、晉言和，雙方談判交換俘虜，包括連尹襄老的屍體。申公巫臣設計讓夏姬去迎接丈夫的屍體，乘機離開楚國，回到鄭國娘家住下。
五九四年	周定王十三年 魯宣公十五年 楚莊王二十年	楚攻宋得勝，莊王欲以田地封賞有功的大夫子重，被申公巫臣勸止。

公元前	中國紀年	大事
五八九年	周定王十八年 魯成公二年 楚共王二年	楚共王將伐魯，派申公巫臣出使齊國聯絡，申公巫臣變賣全部家產出國。回程走到半路的鄭國，就叫副使返回楚國覆命，自己棄職潛逃，到鄭國接了夏姬，逃往晉國。子反、子重殺黑要，連尹襄老家族滅亡，家產被子反侵占。申公巫臣家族也是攻擊目標，一名族子被殺，家產多被侵占。 申公巫臣欲報仇，自請為晉國出使吳國，教導吳國中原的戰術、戰法，提升吳國軍事、經濟力量。
五八四年	周簡王二年 魯成公七年 楚共王七年 吳王壽夢二年	吳國強大，開始攻打楚國，從此雙方展開近百年的纏鬥，長江下游地區在中國歷史的地位與重要性大增。子反、子重受命防禦吳國，疲於奔命，申公巫臣報仇成功。

夏姬事件始末

⊙出嫁／寡居／高張豔幟

夏姬是鄭穆公（公元前六二七至前六〇六年在位）的女兒，鄭靈公（公元前六〇六至前六〇五年在位，被弒）的妹妹。她可能並非嫡女，因此未嫁入諸侯國君主之家，而成為大夫之妻。夏姬第一次婚姻或其最早性關係的情況不明，後嫁陳國大夫夏御叔，隨夫居住在陳國，生有一子，名喚夏徵舒。夏御叔早死，其地位由夏徵舒繼承，在陳國擔任卿的職務。

就一個春秋時代貴族婦女的人生經歷而言，到此並不算太特殊。做為寡婦，如果換一個人，既然公族家世加上母以子貴得以保證物質生活優裕，很可能就在陳國度過單身的寡婦生涯至死；然而夏姬顯然不願意接受這樣的命運。出身鄭國宮廷的她原本就應該很有魅力，寡婦的身分又使她易於結交男友。不論古今中外，「風流寡婦」對男人都有難以抗拒的吸引力，何況這位風流寡婦還是國君之女，大夫之妻，一位難得一見的名女人。

夏姬的豔名很快傳開，陳國君主陳靈公、大夫孔寧、儀行父三人都成了她的入幕之賓，夏姬事件八卦的高潮隨即來臨。《左傳》記載這三個人隨身攜帶夏姬的內衣，在朝堂上互相誇示，大開玩笑。現在網路上有高價出售「某某人穿過的原味內褲」的消息，其實在兩千六百多年前，這種事的春秋時代版就出現過了。倒是《東周列國志》這部小說繪聲繪影地描寫其經過，將三人與夏姬上床的先後排列為孔寧、儀行父、陳靈公，安排還頗具匠心。這當然是小說技巧，但把陳靈公放在最後，卻也合乎事理。試想如果夏姬一開始就搭上陳靈公，成為國君的女人，臣下的機會就少了。

⊙洩冶進諫被殺／夏徵舒殺陳靈公自立／楚國出兵滅陳

陳靈公、孔寧、儀行父三人的行為招來大夫洩冶的進諫。洩冶諫言的重點在「宣淫」，即公開淫亂，像君臣三人同享一女不當一回事，還以此在辦公場合玩笑取樂等等。他提出的警告則是「民無效焉」，即人民將沒有可以效法的對象。在此可以看出中國文化對政治領袖道德要求的傳統，認為君主的行為是人民效法的榜樣，所謂「風動草偃」、「上梁不正下梁歪」，君主與大臣公開淫亂，國家的倫理道德系統將隨之瓦解，國家會面臨危機。古往今來的政治領袖大概都了解這個道理，故私生活大多以「淫而不宣」為原則，即使面臨穿幫，還要盡力遮掩。所以從政治角度看，身為封建君主的陳靈公實在是個太過天真的人，難怪會丟掉性命與國家。

面對洩治義正辭嚴的進諫，陳靈公只得回答要改正，推拖過去，然後告訴孔寧、儀行父，這樣一來，二人大為緊張。原來他們得以成為陳靈公的心腹，正是因為「宣淫」，所以即使陳靈公表面上敷衍洩治，收斂一下，他們得寵的原因也會大為失色。面對此種形勢，孔寧、儀行父那種大貴族只管自己不顧別人的心態發作，他們向陳靈公表示要殺掉洩治，陳靈公並未禁止，洩治就此喪命在兩名好色之徒手中。

洩治被「私了」殺害，「障礙」除去，陳靈公、孔寧、儀行父的宣淫也達到高峰。他們三人竟更進一步，毫不避諱，連袂到夏姬家裡飲酒作樂，是否曾玩4P不得而知，但三人酒後開起玩笑，陳靈公對儀行父說：「徵舒像你！」儀行父回答：「也像國君您。」玩笑開到這等地步，終於成為導火線。夏姬和御叔生的兒子夏徵舒在旁邊聽見，忍無可忍，趁陳靈公要回去時，在馬廄旁射死了他，孔寧、儀行父見勢不妙，逃奔楚國，夏徵舒做到這種地步，乾脆自稱陳國國君。由於他本是陳國公室成員，還除掉一個昏君，陳國貴族與人民並未因此反抗。

可是洩治當年的警告此時應驗。陳國弄到這步田地，國家果然面臨危機；危機並不發自國內，卻來自國外。當時楚國是數一數二的大國，「南天一霸」型的強權，君主楚莊王又素有向中原發展的野心。楚莊王看出陳國內亂，抵抗力本已大幅降低，夏徵舒弒君自立，違反封建禮法，更成為出兵「討伐罪人」的大好機會，立刻抓住時機，出兵伐陳。楚軍出動時還發出心理作戰，聲稱只討伐夏徵舒，要陳國人民乖乖別動，果然一帆風順攻進陳國，抓住夏徵舒殺掉，順便連陳國一起滅亡。後來雖然迫於國際輿論讓陳國復國，但陳國已淪為楚國的附庸。

像陳國這樣一個小國，夾在晉、楚、齊幾個大國之間，處境的困難可想而知。做為陳國的國君，顯然必須戰戰兢兢地一方面要愛民重士，取得國內的團結與支持，一方面要努力在晉、楚、齊之間維持平衡，避免刺激任何一方。這麼多國家大事每天從早忙到晚都唯恐不及，怎能生活放蕩而輕易奉上別人攻打的藉口？陳靈公被殺，在道德上是淫蕩放縱的結果，在政治上則他的死正好送給楚國出兵的藉口：討伐夏徵舒的弒君之罪。結果陳靈公不但自己身死，也使祖宗傳下來的國家迅速滅亡，凸顯他真正是個對政治與國家不負責任的昏君與亂君。

⊙申公巫臣登場／得到夏姬

夏姬事件本是一則八卦，雖然強烈聳動，使陳國一度滅亡，也只涉及春秋時代的一個小國家，尚不足以左右全中國歷史的發展。夏姬這個女人和她的事蹟能夠對歷史發生影響，是因為申公巫臣參與其間。

巫臣是楚國大臣、謀士。他在楚國為官順利，長期以楚國風評甚好的重要大臣姿態出現。楚軍滅陳凱旋時，夏姬成為俘虜，楚莊王要將這個美女納入後宮，被巫臣勸止；莊王之弟，楚國大夫子反要娶夏姬，也被他勸止，楚莊王遂把夏姬賜給另一位大夫連尹襄老。

從《左傳》記載巫臣勸諫楚莊王、子反不要娶夏姬的不同說詞，可以知道他對人性、倫理、社會風評、國君與大臣的行為典範等都十分清楚，勸諫的言詞也都十分合理。巫臣在勸諫楚莊王時說：

「不可以。大王，您召集諸侯攻打陳國，為的是討伐罪人，現在要納夏姬入後宮，是貪圖她的美色，貪圖色慾就是淫，淫會受到嚴重處罰。……如果發動諸侯出兵，反而獲取嚴重處罰，並非謹慎之道，請大王思考規劃。」

可謂犯顏直諫，忠君愛國的典型忠臣、直臣。巫臣在勸說子反時則說：

「這女人是個不祥之人，就是她使子蠻早死，使御叔身亡，使陳靈公被弒，使夏徵舒被殺，使孔、儀逃亡，使陳國滅國，她怎麼不祥到這種地步？人生在世實在不容易，娶夏姬大概會不得好死吧？天下漂亮女人多的是，何必一定要她？」

又是一副「諍友」、「直友」的形象。尤其他顯然了解楚莊王與子反都是想成大功、立大業的男人，都能自我反省，從而克制自己的慾望，所以從此點出發規勸，果然成功。勸子反時用的話：「天下美女多的是，何必一定要她？」更是「看開一點，不要執著」這樣人生哲理的代表作。

然而如此一個口口聲聲仁義道德的人，卻逃不過最容易使男人「淪陷」的性希冀與性幻想對象：名女人。夏姬可說是當時首屈一指的名女人，巫臣雖然聰明老練，但顯然也有親近名女人的強烈渴望，勸別人不要執著的道貌岸然之下，夏姬的魅力在他心目中反而變成至高無上，驅使他執著地為目的不擇手段。

不久楚、晉開戰，是為邲之戰，楚軍獲勝，楚莊王因此順利稱霸，子反也立下戰功，連尹襄老卻在戰爭中陣亡，遺體還被晉軍搶走。這是他的不幸，卻造成他兒子黑要和夏姬上床的機會，更是夏姬的命運與夏姬事件的另一轉折。戰後雙方言和換俘，巫臣藉機設計，讓夏姬到鄭國迎接連尹襄老的遺體，卻就此在娘家鄭國住下。幾年以後，巫臣再利用出使齊國的機會，棄職潛逃，轉到鄭國與夏姬相會，從此夏姬歸於申公巫臣，也是這位八卦美女最後的歸宿。

巫臣終於成功得到夏姬，但我們不妨想想楚王與子反聽到這個消息會做何反應。就國家的立場看，身為國之大臣、出使齊國特使的巫臣在半路上棄職潛逃，等同叛國；就男人的立場看，這根本就是使出陰謀詭計橫刀奪愛，更讓這兩個楚國頂尖男人的面子掛不住；雖然當時楚莊王已死，其子楚共王在位，但仍與他父王的面子有關。巫臣自己也知道，得到夏姬的代價是永遠得罪楚國國王、大臣，他因此永遠必須戰戰兢兢，為自己找尋活路。他起初想投奔齊國，但當時齊國剛剛被晉國打得大敗，國際聲望低落，更有轉趨與敵人的敵人楚國親善的傾向，使他不敢投奔；因為楚國上下既然對他痛恨無比，只要知道他投奔到哪一國，都會設法透過外交壓力與軍事威脅，要求該國交出這個欺騙楚國上下的叛徒。由於楚國是當時數一數二的強國，如果巫臣投奔的國家不夠強大或者有求於楚國，就無法面對楚國的壓力，很可能把他交給楚國。所以對巫臣而言，連齊國都不可靠，普天之下，只剩一個晉國可以投奔。

晉國與楚國多年以來爭霸中原，互有勝負，是楚國的老對手、死對頭。晉國軍力強大，又討厭楚國，有足夠的力量與意願庇護巫臣與夏姬，茫茫天下，是巫臣唯一的去處。果然，晉國接納了巫臣。

做為一個投奔來的外國叛臣，尤其是因為緋聞而來，巫臣在晉國已經無法像在楚國一樣言必仁義道德，以一本正經的堂堂大臣身分出現；而必須找機會運用智謀為晉國出力，才有希望穩住自己的地位。然而人類的野心與報復的意念，使這樣的機會很快出現：巫臣在晉國住了沒多久，他在楚國的家族就因他遭殃，只因他已在楚國樹敵太多，而且家資豐厚。楚國貴族子反不甘心被巫臣「欺騙」才失去夏姬，子重則因為巫臣曾在國王面前擋掉他的財路，二人竟勾結起來對付跟他們有過節的巫臣，以巫臣的家族為替罪羔羊而痛下殺手。子重與子反家族聯軍衝入巫臣家，搶劫一空，更一不做二不休，調轉刀口，又衝進連尹襄老家，把與父妾夏姬通姦的黑要也殺掉，楚國的連尹襄老家族失去繼承人，從此滅亡，其家產被二人瓜分，巫臣遂成為帶給他家族與連尹襄老家族死亡與損失的罪人，夏姬的不祥紀錄也因此再增加兩筆。形勢變化至此，巫臣和楚國上下變成公私夾雜的嚴重仇家，巫臣遂展開深謀遠慮的報復行動。

⊙晉、楚爭霸／申公巫臣的謀略

巫臣的報復行動全靠利用當時國際間最重要的大事：晉、楚爭霸。

自從春秋早期齊國的霸業消失以來，位居山西的晉國與位居湖北、湖南的楚國同時興起。這兩個大國分別從北方與南方向中原發展，都希望控制整個中國。晉、楚興起的時間接近，雙方原有的地盤都甚為廣大，國力也很接近，當兩國在河南一帶遭遇時，可想而知必然發生嚴重衝突。由於晉、楚實力接近，兩雄相爭，鬥得難分高下，雙方的衝突也就互有勝負而一直延續下去，不知何時才能終止。

在這種狀況下，最不幸的是夾在晉、楚之間的各小國。晉、楚都要求各小國與自己結盟，向自己進貢，並在這場衝突中支持自己，如果小國不接受，就使用武力逼迫。各小國的處境因此極為艱難，如果答應任何一方，一定會得罪另一方，說不定就要面臨敵對大國出兵「問罪」的危機。固然晉、楚雙方都會保護自己的附庸國，但在那個交通與通訊不發達的時代，小國面臨對方大國大軍壓境，即使趕快去向後台老闆報告，請求出兵救援，一來一往再加上後台大國動員的時間，可能早已支持不住而不得不投降了。一旦投降，眼前的亡國之禍雖然解除，但等到新老闆的軍隊撤退後，又可能要擔心舊老闆找上門來算帳，使一切重來一遍。這種情況再次說明陳靈公實在是個色迷心竅的政治低能兒。

夏姬事件發生時，晉、楚之爭已進行數十年，雙方的爭鬥無所不至，雖然互有勝負，但都無法取得徹底的勝利，將對方瓦解，很類似冷戰時期的美、蘇對抗。在這樣的環境中，申公巫臣的聰明才智使他想到一條晉國的出路：聯吳制楚，這也是他可以在晉國混下去的本錢。

⊙聯吳制楚戰略／吳國興起／春秋國際局勢大變動

基於「敵人的敵人就是同志」的原則，急於為晉國立功的巫臣，自請為晉國聯絡楚國東南方的吳國。原來吳國位居長江下游的江蘇南部，當時是新開發地區，文化落後，羽毛未豐，但已有加入中原爭霸的野心。晉國若能援助吳國，使吳國強大，向西北方發展，第一個碰到的就是楚國。吳、楚如果因此發生衝突，楚國將陷入兩面作戰的窘境，對晉國的威脅勢必減輕，晉國則將在中原占有優勢。

巫臣的削弱楚國大戰略完全符合晉國的需求，因為它只要花費一些援助的小錢，就可以得到一個新興國家做為牽制楚國的重要幫手，符合「遠交近攻」的戰略基本原則。果然晉國欣然同意，派巫臣做特使，與吳國建交，提供軍事援助，將在陸地作戰的戰車、陣法等都教給吳國，巫臣還把一個兒子留在吳國做聯絡人。吳王姬壽夢（公元前五八五至前五六一年在位）得到天外飛來的晉國援助，大喜過望，對巫臣禮遇有加。吳國在國王率領下努力學習，幾年之間軍力大增，遂向西北方進攻，不斷騷擾楚國的東南邊境，吳、楚之間將近百年的對立與征戰開始。那些殺死巫臣家族，搶去他們財產的楚國貴族，也從此疲於奔命，為防禦吳國而筋疲力竭。

巫臣的復仇成功後，他和無意間惹起這一切的春秋第一交際花夏姬，從此淹沒在時間的長河中，歷史再也沒有他們的記載。但他們兩人所帶來的一切，卻使吳國所在的長江下游地區在春秋中期快速中國化，從此不論在文化上、心理上與國家認同上，江南地區都成為中國極為重要而不可或缺的一部分，後來更成為中國的精華地區。今天即使我們退一步想，承認不論是否有夏姬事件與巫臣的聯吳制楚戰略，中原文化終將傳入江南地區，則夏姬事件也大大加快了這種步伐。

吳國興起後，聘請《孫子兵法》作者齊國軍事學家孫武為總顧問，訓練出能爭慣戰的精兵，然後動員全國以伐楚，其勢銳不可擋，楚國一度幾乎被吳國所滅，首都也被吳國攻陷，靠著秦國出兵救援，才不致亡國，就是「申包胥哭秦廷」的故事。楚國中衰後，晉、楚從此不再作戰，晉國固然因此得益於一時，卻因為失去主要對手而失去國家團結的理由，內部六個卿的家族勢力愈來愈強大，互相爭鬥不休，國君被架空。至此春秋歷史進入後期，逐漸向戰國時代轉變。

由此看來，交際花與緋聞八卦確實會影響歷史，雖然並不是那些好色男女的本意。

◆夏姬事件的背景

⊙大背景：春秋貴族的放蕩

敘述至此，我們終於可以回答本篇一開始時提出的問題。

夏姬事件能夠發生，自有其原因與背景，這與當時的環境有關。

如前所述，春秋時代周朝的封建秩序動搖，封建社會失控，封建貴族的行為出現回歸生物本能慾望與叢林法則政治的趨勢。我們如果翻開《左傳》、《國語》、《史記》等史料，查看春秋時代各國貴族留下的紀錄，不難發現春秋時代貴族的放蕩是非常普遍的現象。夏姬事件並非單一或偶發，只是它的程度較為強烈而已。

春秋時代的封建貴族留下許多放蕩的紀錄，可以用「爭權奪利」、「貪財好色」來形容。當時貴族的放蕩表現在以下各方面：

——爭權不擇手段：父子相爭、兄弟鬩牆、臣下弒君的事件層出不窮。當時凡被諡為「靈」的國君，都是被弒而死的；被諡為「懿」的國君，死於非命的也不少。

——貪財不擇手段：生活奢侈，永不滿足，常以武力奪取他人家產。

——好色不擇手段：男女通姦是常態，父奪子媳、子烝父妾、小叔與大嫂上床等等，層出不窮，甚至出現前述齊國君主兄妹亂倫通姦的事。

夏姬則在此大環境下，為春秋貴族女性的放蕩留下高峰。

⊙小背景：鄭國文化與社會風氣

夏姬是鄭國君主之女，她人格的養成，也應該受到地緣的影響。就經濟、社會與文化看，春秋時代的鄭國確實是一個很特殊的地方。

春秋時代鄭國疆域大致為今河南的鄭州、滎陽、登封、新鄭一帶。鄭國土地面積不大，唯與東周王畿接壤，地處中原中心，交通便利，四通八達，又原屬殷商核心地區，造就出繁盛的商業。這樣的社會本來就具有殷商遺留下來的經商興利、縱飲酣歌、追求享樂等傳統，加以商業流通之下，民風活潑開放，社會變動較快，在春秋時代獨具特色。

鄭國民風表現在男女關係上，就是戀愛與性生活都比較自由，或者用中國傳統的說法，就是「淫」，因此春秋時代的鄭國女子，以多情、主動、大膽著稱。這種情形在《詩經．國風．鄭風》，也就是鄭國的民謠中充分反映。當時鄭國民謠兼具活潑激越與哀怨纏綿的風格，描寫感情直接又細膩，而且唱出女性心聲的作品特多，與衛國民謠形成一種新的流行音樂。這種趨勢使孔子為之緊張，害怕鄭國這種新音樂會取代周王朝的正統雅樂。孔子說：「惡紫之奪朱也，惡鄭聲之亂雅樂也，惡利口之覆邦家者。」（見《論語．陽貨》）又說：「放鄭聲，遠佞人；鄭聲淫，佞人殆。」（見《論語．衛靈公》）就是為此而發。到理學盛行的宋朝，朱熹基於男性中心主義的道德觀，甚至指出《詩經》裡衛國的民歌還是「男悅女」，鄭國的民歌則是「女惑男」，更加有傷風化，可見鄭國民歌的威力。

即使經過孔子刪選的《詩經．鄭風》，其中仍然充滿著女性口吻的情歌如：

《詩經．鄭風》〈子衿〉
青青子衿，悠悠我心。縱我不往，子寧不嗣音？
青青子佩，悠悠我思。縱我不往，子寧不來？
挑兮達兮，在城闕兮。一日不見，如三月兮！

網站「中文百科在線」上將這首詩翻譯成白話文：

青青的是你的衣領，悠悠的是我的心境。縱然我不曾去會你，難道你就此斷音信？
青青的是你的佩帶，悠悠的是我的情懷。縱然我不曾去會你，難道你不能主動來？

來來往往張眼望啊，在這高高城樓上啊。一天不見你的面呵，好像已有三月長啊！

又如：

《詩經．鄭風》〈狡童〉

彼狡童兮，不與我言兮。維子之故，使我不能餐兮。

彼狡童兮，不與我食兮。維子之故，使我不能息兮。

網站「中文百科在線」上將這首詩翻譯成白話文：

那個美貌的小哥哥啊，不願和我再說話啊。為了你這個小冤家，害得我飯也吃不下啊。

那個美貌的小哥哥啊，不願和我同吃飯啊。為了你這個小冤家，害得我覺也睡不安啊。

《詩經．鄭風》〈溱洧〉

溱與洧，方渙渙兮。士與女，方秉蕑兮。女曰觀乎？士曰既且。且往觀乎？洧之外，洵訏且樂。維士與女，伊其相謔，贈之以勺藥。

溱與洧，瀏其清矣。士與女，殷其盈矣。女曰觀乎？士曰既且。且往觀乎？洧之外，洵訏且樂。維士與女，伊其將謔，贈之以勺藥。

網站「中文百科在線」上將這首詩翻譯成白話文：

溱河，洧河，春來盪漾綠波。男男、女女，手拿蘭草游樂。姑娘說：「去看看？」小夥說：「已去過。」「請你再去陪陪我！洧河那邊，真寬敞，真快活。」少男、少女，互相調笑戲謔，送一枝芍藥訂約。

溱河，洧河，春來綠波清澈。男男、女女，遊人愈來愈多。姑娘說：「去看看？」小夥說：「已去過。」「請你再去陪陪我！洧河那邊，真寬敞，真快活。」少男、少女，互相調笑戲謔，送一枝芍藥訂約。

夏姬從小生長在這樣一個地方，又是鄭國君主之女，嬌縱之下更容易受到社會流行風氣與價值觀的影響，春秋第一交際花也就由此形成，可謂其來有自。從夏姬事件我們也可以看出，在儒家、法家思想還沒有成為全國倫理道德規範的春秋時代，是怎樣與後來的中國不同。

正是：

〈巫山一段雲〉

豔色神州羨　紅裙竟滅陳
只聞妖女亂君臣　一見便銷魂
舞袖停歇處　煙花假亦真
空留吳楚晉家軍　糾葛幾年春

史籍原典

《左傳・宣公九年》

陳靈公與孔寧、儀行父通於夏姬，皆衷其衵服以戲於朝。洩冶諫曰：「公卿宣淫，民無效焉，且聞不令，君其納之。」公曰：「吾能改矣。」公告二子，二子請殺之，公弗禁，遂殺洩冶。

《左傳・宣公十年》

陳靈公與孔寧、儀行父飲酒於夏氏。公謂行父曰：「徵舒似女[1]。」對曰：「亦似君。」徵舒病之。公出，自其廄射而殺之，二子奔楚。

《左傳・宣公十一年》

冬，楚子為陳夏氏亂故，伐陳，謂陳人無動，將討於少西氏。遂入陳，殺夏徵舒，轘諸栗門，因縣陳。

按1 ｜同汝。

《左傳．成公二年》

楚之討陳夏氏也，莊王欲納夏姬。申公巫臣曰：「不可。君召諸侯，以討罪也，今納夏姬，貪其色也，貪色為淫，淫為大罰。《周書》曰：明德慎罰，文王所以造周也。明德，務崇之之謂也，慎罰，務去之之謂也。若興諸侯，以取大罰，非慎之也，君其圖之。」王乃止。

子反欲取之。巫臣曰：「是不祥人也，是夭子蠻，殺御叔，弒靈侯，戮夏南，出孔儀，喪陳國，何不祥如是？人生實難，其有不獲死乎？天下多美婦人，何必是？」子反乃止。

王以予連尹襄老。襄老死於邲，不獲其尸，其子黑要烝焉。巫臣使道焉，曰：「歸，吾聘女。」又使自鄭召之，曰：「尸可得也，必來逆之。」姬以告王，王問諸屈巫，對曰：「其信……。」

王遣夏姬歸。將行，謂送者曰：「不得尸，吾不反矣。」巫臣聘諸鄭，鄭伯許之。及共王即位，將為陽橋之役，使屈巫聘於齊，且告師期，巫臣盡室以行。申叔跪從其父將適郢，遇之，曰：「異哉，夫子有三軍之懼，而又有桑中之喜，宜將竊妻以逃者也。」及鄭，使介反幣，而以夏姬行。將奔齊，齊師新敗，曰：「吾不處不勝之國。」遂奔晉，而因郤至，以臣於晉，晉人使為邢大夫。

《左傳．成公七年》

楚圍宋之役，師還，子重請取於申呂，以為賞田，王許之，申公巫臣曰：「不可……。」王乃止，子重是以怨巫臣。子反欲取夏姬，巫臣止之，遂取以行，子反亦怨之，及共王即位，子重、子反殺巫臣之族子閻、子蕩，及清尹弗忌，及襄老之子黑要，而分其室。子重取子閻之室，使沈尹與王子罷，分子蕩之室，子反取黑要與清尹之室。

巫臣自晉遺二子書曰：「爾以讒慝貪惏事君，而多殺不辜，余必使爾罷於奔命以死。」巫臣請使於吳，晉侯許之，吳子壽夢說之，乃通吳於晉，以兩之一卒適吳，舍偏兩之一焉，與其射御，教吳乘車，教之戰陳，教之叛楚，寘其子狐庸焉，使為行人於吳。

吳始伐楚，伐巢，伐徐，子重奔命；馬陵之會，吳入州來，子重自鄭奔命，子重、子反於是乎一歲七奔命。蠻夷屬於楚者，吳盡取之，是以始大，通吳於上國。

後記：夏姬事件近年新解

夏姬事件流傳了兩千多年，不知製造出多少捕風捉影的傳說與想當然耳的虛構，香豔浪漫可稱至極，但始終在這個圈子裡打轉。然而這樁宮廷八卦到二十一世紀卻出現重大轉折，契機竟是盜墓與骨董文物買賣。

二〇〇八年七月，清華大學校友趙偉國先生將他從香港購得的一批竹簡捐贈給母校，這批竹簡因此稱為「清華簡」。清華簡經鑒定為戰國中期偏晚的文物，內容包括相信為《尚書》的一部分、周武王時期的樂詩與戰國時楚國的史書等，大多迄今從未見過，是戰國時期重要文物，罕見的重大考古發現。此批竹簡應是楚國墓葬被盜挖後流散海外的，曾經神不知鬼不覺地被盜挖、私運，想不到終於得見天日，我們也才能用它們重新檢視歷史，包括這夏姬的八卦。

清華簡中有一部記載周朝歷史的史書，現在暫時命名為《繫年》。依其記載的史事看，推測該書約成於楚肅王（公元前三八一至前三七〇年在位）時期。《繫年》共分二十三章，概述西周初年到戰國前期的歷史，著作的目的顯然是講述當時列國形勢的由來與發展。《繫年》所記重大事蹟有傳世文獻所缺者，可以填補部分先秦史的空白，書中記載又多能與《左傳》、《國語》、《史記》等參照印證，使這段歷史得以補充甚至糾正，夏姬的事蹟就是一個最好的例子。請看《清華簡》內有關夏姬之《繫年》原文：

第十五章

楚莊王立，吳人服於楚。陳公子徵舒取妻於鄭穆公，是少盐。莊王立十又五年，陳公子徵舒殺其君靈公，莊王率師圍陳。王命申公屈巫蹠[2]秦求師，得師以來。王入陳，殺徵舒，取其室以予申公。連尹襄老與之爭，捝[3]之少盐。連尹止於河澨，其子黑要也或[4]室少盐。莊王即世，共王即位。黑要也死，司馬子反與申公爭少盐，申公曰：「是余受妻也。」取以為妻。司馬不順申公。王命申公聘於齊，申公竊載少盐以行，自齊遂逃蹠[5]晉，自晉蹠[6]吳焉，始通吳晉之路，教吳人反楚。

此書記載夏姬事件與《左傳》的差異有下列各項：

按2 ｜同「適」，前往。
按3 ｜同「奪」。
按4 ｜同「又」。
按5 ｜同「適」。
按6 ｜同「適」。

1——夏姬名少孔。《左傳》未記述。

2——陳公子夏徵舒為夏姬之夫。《左傳》記述為其子。

3——夏徵舒殺陳靈公的原因在於陳靈公與夏姬通姦？或陳靈公調戲夏姬？又或這只是單純的政治鬥爭，與夏姬無關？《繫年》未記述。

4——楚莊王率師圍攻陳國時，曾命申公屈巫[7]到秦國請求發兵助戰，秦國也出兵參與。《左傳》未記述。

5——楚莊王殺夏徵舒滅陳後，將夏徵舒的妻子夏姬送給申公巫臣。

6——連尹襄老與申公爭奪夏姬，將夏姬搶走。

7——連尹襄老之子黑要死亡的原因不明。是否被子反所殺，《繫年》未記述。

8——黑要死後，子反與申公巫臣爭奪夏姬，申公娶夏姬為妻，子反與申公巫臣結仇。

9——申公巫臣奉派出使齊國時，私自帶夏姬同往。

按7｜即巫臣。

如果《繫年》的記載才是夏姬事件的真相，則夏姬就是個受命運撥弄的苦命美女，身不由己地被幾個男人搶來搶去，與交際花毫不相干，但仍然深陷八卦之中。

《清華簡》的材質經放射性碳測量確定為戰國中後期所產，其文字形態也符合先秦時代的特徵，故應不是後代偽造。如此一來，究竟《左傳》還是《繫年》的記載才是夏姬事件的真相，已經變成春秋歷史的一樁公案，因此這個八卦還有待繼續研究，才能還其原貌。當然，支持《左傳》派的還有一首《詩經．陳風》〈株林〉的民謠可以做為佐證：

《詩經．陳風》〈株林〉

胡為乎株林？從夏南。匪適株林，從夏南。

駕我乘馬，說於株野。乘我乘駒，朝食於株。

網站「中文百科在線」上將這首詩翻譯成白話文：

為何去株邑之郊？只為把夏南尋找。不是到株邑之郊？只想把夏南尋找。

駕大車趕起四馬，停車在株邑之野。駕輕車趕起四駒，抵株邑早餐息歇。

傳統上認為這是陳國人民諷刺陳靈公往夏姬家跑的歌謠。

夏姬的八卦研究至此，在塵埃落定，歷史事實浮出之前，我們不得不對這位兩千六百多年前的八卦明星隔空喊話：

夏姬，夏姬，兩千多年來，人們已經把妳蓋棺論定，誰知二十一世紀盜墓與香港骨董文物市場的狂潮，又將另一個形象的妳從歷史之海中推升而起。不管《左傳》還是《繫年》正確，做為一個春秋時代的宮廷貴族美女，妳注定擺脫不了八卦，這是妳的命運。我們這些喜愛歷史的後代人還能為妳做的，只有繼續努力研究，希望將來能弄清楚是妳製造了八卦，還是八卦吞噬了妳。

伍

偉大悲劇性君主的命運與女人

吳娃與趙武靈王

尋找那個女人！

——大仲馬

（Alexandre Dumas, 1802 ～ 1870，法國作家，著有《三劍客》等書）

◆問題的提出

一個男人要怎樣才會開始真正努力，朝著他認定的目標持續奮鬥？答案可能是他找到願意深愛一生的女人，並與她快樂地結為連理之後。

一個男人要怎樣才會喪失分析與判斷的能力，做出致命的錯誤決定？答案可能是他失去深愛一生的女人之後，方寸大亂的結果。

從戰國時代最偉大，也是最悲劇性的君主趙武靈王（公元前三二五至前二九九年在位）身上，我們看到這樣的事例。他背後那個已經幾乎湮埋在歷史中的關鍵女性，稱為「吳娃」，意思是「姓吳的漂亮女孩」。

趙武靈王如何偉大？如何悲劇？又與吳娃有何關係？都等待我們探索。

⊙趙武靈王：偉大的改革者，少見的悲劇君王

趙武靈王是中國歷史上稀有的偉大改革者。他廣為人知的事蹟是「胡服騎射」，亦即放棄中國傳統的車戰（以馬拉兵車為主力，軍人站在車上作戰），學習北方游牧民族的騎馬射

箭戰法：軍人騎在馬背上，直接操控馬匹，動用弓箭等武器，組成騎兵部隊作戰。

這種改革曾使趙國軍隊的作戰單位增加，機動力提高，戰鬥力增強，趙國也因此成為戰國中期的強國之一。然而如果我們深入探討戰國中期的國際局勢，以及趙武靈王面對此種局勢的思考與規劃，就會發現「胡服騎射」不僅是單純的軍事改革，它其實是為達到更遠大目標的一種必要手段。換句話說，胡服騎射是近程目標，為遠程目標服務。那個遠程目標的確存在，也的確偉大，因為它是要以機動的騎兵部隊實施大迂迴作戰，出其不意，一舉消滅秦國！趙武靈王是在甚麼時候，基於甚麼背景才做出這樣的決定，悟出這樣的道理？

趙武靈王也是中國歷史上少見的悲劇君王。他在四十多歲的壯年，竟一手栽培出兩個對立到非拚個你死我活不可的兒子。二子相爭，不利的一方鋌而走險，發動軍事政變，趙武靈王也被牽扯在內，竟被自己的部下連續包圍三個多月，活活餓死。這樣一位偉大的君主，最後死得這樣悽慘，讓人感嘆之餘，不免要問：他為何聰明一世，糊塗一時？為何英明有為一世，優柔寡斷一時？

然後我們還可以問，這場悲劇如果未曾發生，趙武靈王那個遠大的計畫有機會實現嗎？如果他最後成功，那麼結束戰國亂局統一中國的可能就不是秦國，而是趙國了。中國如果被趙國統一，以後的歷史又將如何發展呢？

所有這些問題，只能從趙武靈王本身去找答案。要從趙武靈王身上找答案，就不得不研討他情緒的幾次重大波動與人生的幾次重大轉變，而這又必須談到那個他背後關鍵性的女人。

⊙ 基本資料

依據《戰國策》、《史記》等史料，我們對此事件可以列出下列表格做為基本參考資料。

- **趙武靈王悲劇當事人物及關係表**

「ⓧ」表示婚姻或性關係，「↓」表示親子關係。

韓夫人 ⓧ 趙武靈王趙雍 ⓧ 惠后吳娃

韓夫人 ⓧ 趙武靈王趙雍 → 代安陽君趙章

趙武靈王趙雍 ⓧ 惠后吳娃 → 趙惠文王趙何

‧趙武靈王悲劇相關大事年表

公元前	趙紀年	大事
三二五年	武靈王元年	武靈王初即位，年幼未親政。趙敗於齊、魏。
三二三年	三年	魏、韓、趙、燕、中山五國皆稱王。
三二一年	五年	娶韓宗室女為夫人，後生子趙章。
三一八年	八年	與魏、韓、楚、燕共伐秦，戰敗。自行取消王號。
三一七年	九年	敗於秦，死八萬人，又敗於齊。
三一四年	十二年	敗於中山。
三一三年	十三年	敗於秦。
三一〇年	十六年	娶吳娃，即惠后，後生子趙何，即惠文王。
三〇九年	十七年	考察境內，至齊、中山邊境。
三〇八年	十八年	秦武王舉鼎死。自燕迎秦公子嬴稷返國即位為秦昭襄王。
三〇七年	十九年	胡服騎射。向西北略地至黃河。

公元前	趙紀年	大事
三〇六年	二十年	攻胡地，得胡兵、胡馬。攻中山。
三〇五年	二十一年	大舉攻中山，中山割四邑請和，同意。
三〇三年	二十三年	攻中山。
三〇一年	二十五年	惠后吳娃死。
三〇〇年	二十六年	攻中山。向西北擴地至今河套。
二九九年	二十七年	武靈王傳位太子趙何即位為惠文王，自號主父。
二九八年	惠文王元年	主父制定迂迴伐秦計畫，又冒充使者，入秦觀察而返。
二九七年	二年	主父巡新得土地，得到樓煩族的兵馬。楚懷王自秦國逃來投奔，趙不納。
二九六年	三年	滅中山，遷其王於陝北。封長子趙章為代安陽君，以田不禮為其相。

公元前	趙紀年	大事
二九五年	四年	主父欲分趙為二，尚未決定，亂事起，宰相肥義與趙章、田不禮被殺。主父曾開宮納趙章，勤王軍領袖公子趙成、將軍李兌追擊而圍主父宮。後因恐圍宮犯上遭禍，乃令宮中人盡出，遂圍困主父。主父欲出不能，乏食飢餓，三月餘後餓死於沙丘宮。趙成、李兌專政趙國。迂迴伐秦計畫再無人問，約七十年後趙終於被秦所滅。

◆吳娃與趙武靈王悲劇始末

⊙趙武靈王初年形勢

趙武靈王即位時，正值戰國中期。

戰國中期天下環境改變，早年的強權魏國已經衰落，秦國則變法成功，日益強大，以統一中國為目標，威脅到其他六國。東方的六國在謀士公孫衍、蘇秦的規劃下，曾聯合起來抵抗，稱為「合縱」。「合縱」固然可以抵抗秦軍，取勝於一時，卻無法消滅秦國，徹底解決問題。原因在於秦國位於陝西，與東方各國間有潼關、函谷關等險要隘口，易守難攻。秦國在有機可乘時可以出關攻打各國，取得出其不意的主動地位，不利時也可以憑藉天險閉關自守，各國無法攻入，是其地緣上的先天戰略優勢。從戰國中期起，「秦國可以打敗，卻無法消滅」就是東方六國在戰略上的困境，這個困境始終無法改善，直到六國不斷衰弱，最後被秦國一一滅亡為止。

在這樣的國際環境中，趙國又有其特殊的處境與問題。趙國立國於山西、河北中部，鄰國眾多。東北方是燕國，東南方是齊國，南方是魏國，西方是秦國，西南方是韓國，正北方是胡人，都經常和趙國對抗；何況境內還有一個狄人建立的中山國，領土雖小卻戰鬥力頑強，也是心腹之患。所以趙國除了抵抗秦兵東出外，還必須顧及與其他各國及胡人的關係，才能在列國林立，強敵環伺下求生存、求發展。

趙武靈王幼年即位，在位初期並未親自執政，趙國政府處於青黃不接中，導致對外作戰連番失利，幾乎每個鄰國都曾擊敗她，國家可說已進入危險狀態。做為負責任的國家領導人，顯然必須籌謀對策以脫離困境。

趙武靈王在位五年時結婚，娶韓國宗室的女兒為妻。這顯然是一樁政治婚姻，雙方固然門當戶對，對於一個十幾歲的少年來說，卻大概難以與這個素未謀面的王后產生真正的感情。他們還是生了一個兒子，名喚趙章，依照宗法制度，就是趙武靈王的嫡長子。

青年國王這時想必十分鬱悶。國家四面強敵林立，對外作戰一再失利；家裡則是一個談不上感情的太太，不論公事、私事，都缺乏振奮人心、點燃生命光輝的火種。

就這樣過了十一年，到趙武靈王在位十六年時，他個人的命運與趙國的國運終於出現轉機：他找到生命中最重要，而且是唯一深愛的女人。

⊙趙武靈王夢見情人／吳娃出場

這年心情不佳的趙武靈王出外旅遊。旅途中一天晚上國王作夢，夢中出現一位美麗的少女，一邊彈琴，一邊唱歌：

美人熒熒兮
顏若茗之榮
命乎命乎
曾無我嬴

歌詞可以白話翻譯為：

光澤耀眼的美女啊
容顏好像茗子花啊
世上數得出名字的美女啊，世上數得出名字的美女啊[1]
（或：命運啊，命運啊）
從來沒有一個比得上我娃嬴
（或：竟然沒有人知道我娃嬴）

夢中佳人使國王朝思暮想，念念不忘。有一天國王忍不住酒後吐真情，屢次

按1｜原文中的「命」同「名」。

在隨行的臣下面前提到這個夢，還不斷推想這位夢中美女的容顏。所謂「說者無心，聽者有意」，趙武靈王的隨從中有一個名叫吳廣的，立刻體認到這是一條絕佳的飛黃騰達之路。旅程結束後，吳廣立即把自己的女兒娃嬴打扮好，通過王后，獻給趙武靈王。

由此可見做為一個大人物，最好學會不輕易流露真正的感情與喜好，否則一定有人會揣摩清楚，投其所好，以此做為進身之階。

吳廣既會投君所好，立即獻女，還清楚獻女應該通過後宮之主的王后，可謂明瞭環境，鑽營有術。原來古代帝王必然有嬪妃，宮廷環境既然如此，對統領後宮的王后而言，將可能得寵的嬪妃納入自己的陣營與掌控，避免丈夫身邊殺出無法預期的美女，是統領後宮的基本技術。吳廣若不理王后，直接獻妃給國王，則等於公然挑戰王后，對女兒往後在宮中的前途不利，當然自己的前途也可能跟著不利。吳廣獻女「上路」、「落檻」，王后又出身韓國宮廷，必然熟知後宮運作的原則，並無異議，於是吳娃就這樣順利進入趙武靈王的後宮。

入宮後的吳娃顯然符合趙武靈王夢中情人的形象，立即大受寵愛，幾年後也生了一個兒子，名喚趙何。這個庶子，竟成為後來的趙惠文王。

⊙ 趙武靈王大振奮／推動改革

依照歷史記載，趙武靈王自從得到吳娃起，曾沉溺在愛情中，一度無心朝政，也不出來巡視。但在吳娃生下兒子趙何後，他幾乎像換了一個人一樣，立刻振作起來，開始經營復興趙國的宏圖大業。他首先巡視全國，並到邊疆地區蒐集敵國情報，兩年之後，毅然決然推動「胡服騎射」的改革大計。

對這種戲劇性的改變，最合理的解釋應該是做為一個有理想、有抱負的男人，趙武靈王在找到夢寐以求的女性後，感情與家庭生活得到充分的滿足與完整的寄託。「安內」既然完畢，事業上的雄心壯志隨之而起，他要開始「攘外」，到外面開創一番事業，在自己深愛的女人面前表現一番了。趙武靈王的表現就是推動「胡服騎射」的改革。

⊙ 胡服騎射：主動的文化學習

胡服騎射的改革，本身只限於軍事層面，即以騎兵代替馬拉兵車；但要直接騎在馬上作戰，軍人的服裝必須隨之改變，才能便於操作，如此就必須換穿緊身窄袖的胡人服裝，以避免寬袍大袖的衣服可能勾住馬鐙，發生危險。在近代軍隊中，水兵穿喇叭褲，以方便隨時脫掉長褲游泳；騎兵穿襠寬褲腳窄的馬褲，以使騎乘時襠部較為舒服，並避免褲腳勾住馬鐙，都是這個道理。

可是在當時，這項軍事改革計畫竟立刻成為文化問題。原來中國古代貴族的服裝一向是寬袍大袖，這在車戰中仍然可用，因為軍人是站在馬車上作戰，寬袍大袖還不會構成障礙。可是一旦變成騎在馬背上作戰，寬大的衣服不但不方便，還很容易勾住馬具，發生危險，當然非改不可。

然而在古代中國，這就涉及做為民族與文化象徵的服飾問題，茲事體大，是立國根本的大事。孔子曾說：「微管仲，吾其被髮左衽矣。」（見《論語．憲問》）意思是如果沒有管仲的「尊王攘夷」政策，中國可能被戎狄滅亡，中國人的衣著儀容會變成胡人的披散頭髮，衣服從左邊開襟。孔子以「被髮左衽」代替「被戎狄滅亡」，就是以衣冠服飾做為民族與文化的代名詞。古代中國人自視甚高，總以為中國才是文明世界，以外都是野蠻地區。胡服騎射政策要求自視為文明人，心態上高人一等的中國人學習外族的「野蠻」風俗，可想而知是多麼困難的事。

趙武靈王十分清楚，要強國必須建立騎射作戰的新軍，而要騎射，又必須先改穿胡服，但這直接挑戰到民族與文化的象徵，必然遭遇以民族與文化為理由的反對。何況胡服騎射還牽涉到軍隊的重新整編與隨之而來的權力重新分配，更使臣下產生難以啟齒的實質權力考量，絕非下一道命令就可以行得通。面對這樣困難的局面，趙武靈王不慌不忙，擬定詳細計畫，採取漸進之計，逐步推動。

第一步召見大臣肥義，連談五天，取得肥義的全力支持，形成核心幹部。

第二步到北方邊疆地區視察，了解胡服騎射的實際狀況。

第三步召見大臣樓緩，取得這個有名人物的支持，擴大核心幹部。樓緩此人一般普及歷史書甚少提及，但在趙武靈王的大戰略布局中，他具有關鍵性的地位。原來樓緩當時在趙國為官，卻是個戰國中期的縱橫家，可以歸類為張儀、蘇秦一流的人物，口才不錯。趙武靈王第二個召見他，目的在把他納入改革團隊，將來要用到他的外交才幹，賦予重任。

第四步再召見大臣肥義，君臣二人互相進行心理建設，做好改革的心理準備。趙武靈王先問說：

「現在我就要用胡服騎射來教導百姓，然而世人一定會議論我，怎麼辦？」

肥義回答：

「討論最高德行的人不和流俗相合，成就偉大功業的人不跟大眾商量。愚笨的人事情辦成了還看不清，聰明人在事情沒有形成前就已看見，大王為何還猶疑呢？」

這番話顯示他是個戰國時代的改革者，也是個精英主義的信徒，一如商鞅、吳起。趙武靈王得到賢臣的全力支持，至此心意已定，他做出結論：

「無知的人快樂，聰明人的哀傷；笨人譏笑的事，賢人卻能看清楚。世上若有順從我的人，穿胡服的功效就不可估量。即便（這政策）驅使世人都來笑我，胡人的土地和中山國我也一定要占有。」

可見肥義的精英改革論得到趙武靈王的充分共鳴，於是趙武靈王毅然決然穿起胡服，將改革公開。

第五步從王室家族做起，派人頒賜胡服給王室家族的長老——趙武靈王的叔父公子趙成，請他改裝。不出所料，趙成果然反對。趙武靈王對此早有準備，他紆尊降貴，以國王之尊親自登門拜訪叔父趙成，給足面子之下，終於說服王室大老的趙成穿上胡服亮相，至此胡服騎射已經取得王室的支持。

第六步正式在朝廷上宣布政策，身體力行。王室大老王叔公子趙成穿上胡服的第二天，趙武靈王穿起胡服上朝，並頒布換穿胡服的命令。這個命令醞釀已久，應該早就在文武百官的意料之中，但是當場仍有趙文、趙造、周紹、趙俊等官員出面反對，他們勸諫趙武靈王，請求立即停止胡服政策。趙武靈王則以國王之尊，在朝堂上對他們說了一番大道理，最後的結論是：「你們不懂事，看不到這裡。」於是討論停止，胡服政策立即實行。由此可見任何政策都不可能獲得百分之百的支持，推動政策時對一般人當然要使用說理方式，以取得共識；但對於那些最頑固的、為私利另有盤算的，或者「腦後有反骨」不管什麼都反對的人採用威權方式處理，實際政治運作上仍有其需要。

中國歷史上由華夏政治領袖主動推行學習夷狄文化的運動，事例可說絕無僅有，趙武靈王是鳳毛麟角的成功榜樣。胡服騎射政策能夠推行成功，趙武靈王花費大量心血與努力，配合睿智的施行策略，正是關鍵。這位國王高瞻遠矚的識見與細膩深刻的執行能力，在這次改革中充分表現。成語「脫穎而出」出現的年代晚於趙武靈王，卻很恰當地可以做為他的寫照；而讓鋒銳如錐的趙武靈王勇敢刺穿傳統政治與文化包袱的關鍵，可能就是他因為吳娃而展現的自信與抱負。

⊙偉大的迂迴滅秦戰略

推行胡服騎射政策勢必要到胡人地區觀摩學習，也必然會將願意合作的胡人部落收歸旗下。趙國推行胡服騎射後，在南方採取守勢，將國家的注意力轉向北方，從山西中部出發，沿黃河而上，一路向西北擴展，勢力進入現在的山西北部、內蒙古鄂爾多斯與河套地區。這塊新納入版圖的土地，被趙國稱為「新地」。

這樣一來，趙國在不為人注意中已經取得對秦國作戰的優越地理位置。因為戰國時代中國西北地區的沙漠化並不像今天這樣嚴重，鄂爾多斯仍為草原。如果以大量騎兵部隊從河套與鄂爾多斯高原南下進攻，沿途不會太過荒涼難行，馬匹的草料可以就地取得，越過鄂爾多斯後進入陝北黃土高原，距離秦國的核心關中就不遠了。這樣將能以秦國意想不到的迅雷不及掩耳之勢，突入秦國防禦相對薄弱的北方邊境，直攻秦國的核心關中地區，以首都咸陽為目標。當然戰略上也可以先在南線出動一路兵馬，佯攻函谷關，將秦軍主力吸引在東邊遠方，使突襲展開時秦軍主力回援不及，突襲將更為震撼，效果也會更好。果然如此，秦國或許真的會滅亡。

趙武靈王的大戰略並沒有忽略外交。他於胡服騎射改革開始後的第二年，即公元前三〇六年，派遣樓緩進入秦國，以外來縱橫家的身分侍奉秦昭襄王，很得到秦王的信任。樓緩在秦國一路升官，公元前二九八年居然出任秦國丞相，顯赫一時。他在任上致力於秦、趙兩國友好，表面上看起來既是不忘故鄉，又推動秦、趙連橫有成，為秦國做出貢獻；實際上他的所作所為，也有麻痺秦國，使秦國降低對趙國的警覺，以協助趙武靈王大戰略的可能性存在。

大戰略部署完畢，但是要推行這個計畫，趙國還有一個後顧之憂必須先解決，那就是中山國；何況新軍的戰鬥力究竟如何，也需要以實戰驗證。武靈王在胡服騎射建立新軍後，果然採取一石二鳥之計，將矛頭先對準中山國，屢次大舉進攻。中山國在抵抗數年後，終於不支被滅。趙國兼併中山國，土地與人口增加，心腹之患從此解消，胡服騎射的效果也得到證實，趙武靈王遂開始他偉大計畫的下一步。

在攻中山國的同時，趙武靈王作出非常少見的決策：仍在壯年的他宣告退位，將趙王的位置讓給吳娃生的兒子趙何，自己稱為「主父」，意思是「太上皇」。這種不尋常的決策，背後自有其考量與意義。原來主父是要從繁瑣的國王日常事務中脫身，專心經營新納入國土的西北邊區，並打算時機成熟時，從西北邊區展開突襲秦國的歷史大業。吳娃的兒子趙何當時年僅十歲，唯父命是聽，談不上有能力執政；然而將一個十歲的小孩放在首都邯鄲做國王，等於表面上對外示弱，可以使各國輕視趙國，一時對趙國不加防範，甚至還可能誘使秦國想找機會攻打趙國，因而增加東方邊境軍力，減少北方駐軍，更有利於趙軍從河套南下突襲。

除此之外，主父甚至做出更大膽的驚人之舉：他竟冒充趙國的使者，出使秦國，以便親身觀察秦國的地理形勢、風土民情、長處弱點，並且和秦昭襄王當面相見，直接評估這個未來戰場上的對手。這次出使十分危險，絕不容許消息走漏，但他居然騙過秦國朝廷上下，出使完畢後，還能以特使身分安然離開秦國首都咸陽。後來秦昭襄王發覺不對，派兵追趕已經來不及，主父成功回到趙國。由這件事看來，趙國的情資保密工作做得很好，趙國內部知情的臣下也都對主父忠心耿耿，守口如瓶，包括那個已經在秦國做官多年的樓緩。這種計畫絕對不是隨隨便便可以達成的，它必須先具備許多條件才有希望，能夠做到的，都是膽識兼備的人中豪傑。古今中外歷史上以帝王之尊冒充部下身分，混入可能是敵對國家的帝王大概只有兩個，趙武靈王之外，另一個是俄羅斯羅曼諾夫王朝的沙皇彼得大帝（一六七二年至一七二五年在位）。

眼看著迂迴滅秦大計即將部署完成，人中豪傑的主父卻突然在一場兵變中死去。

⊙二子之間難為父／廢長立幼

在趙武靈王偉大戰略的布署中，一切合情合理，除去一件事：他選擇讓位給吳娃生的小兒子，捨棄王后生的大兒子。在封建宗法上，這是廢嫡立庶，是違背傳統禮法的嚴重大事。趙武靈王不可能不知道宗法，但仍做出這個決定，在理智的考量以外，感情因素的影響力顯然應該更大。

其實這個感情因素十分明顯，那就是吳娃在與趙武靈王結合後的第十年間香消玉殞。武靈王當時失去真愛一生的女人，必定十分悲傷，這種悲傷必然極為深沉，而且持續甚久。因此除去前述對各國故意示弱的國際戰略考慮外，必須加上這項愛屋及烏的心理因素，才能充分解釋他在吳娃死後兩年決定讓位時，選擇吳娃生的年幼庶子為繼承人。

於是趙國立即陷入內爭的險境。年幼庶子竟然變成新國王，嫡長子趙章當時已年約二十，使趙武靈王必須做出處理。主父處理的方法是將趙章封到代郡（今山西大同市），號安陽君，又命臣子田不禮輔佐趙章。表面上看起來，這可以把兩個兒子分開，使他們沒有機會衝突，自己派下去的田不禮還可以就近監視趙章，有狀況隨時向自己報告。然而這種做法非但不能解決問題，反而使問題擴大，導致激烈的變動提早到來。

我們不妨站在嫡長子趙章和田不禮的角度來看這個問題。趙章出身堂皇，母親是韓國宗室之女，自己是嫡長子，繼位為王本來是遲早的事；即使父親後來寵愛吳娃，疏遠身為王后的母親，只要母后沒有被廢，繼續穩坐王后之位，掌握後宮，應該還不會發生問題。因為就算周幽王那樣的昏君，也得先廢掉申后與太子，才能封褒姒為后、立褒姒生的兒子為太子。吳娃雖然受寵，卻一直沒有被父親立為王后，代表吳娃與庶弟趙何這對母子，自己雖然應該注意，其威脅還沒有嚴重到非鬥個你死我活不可的地步。誰知晴天一聲霹靂，父親退位時竟然跳過母后，直接指定庶弟繼承王位，自己措手不及，一生期望付諸流水，其悲憤與難以接受可以想見，對於一個驕縱多年的大王子而言，非常容易產生想利用激烈手段奪回政權的心理。

至於田不禮，眼看王室的庶子趙何登位為王，嫡長子趙章已經在這場繼承權爭奪戰中失敗，自己卻被任命到失敗者身邊，一下子成為「非主流」的一員。新任國王和他身邊的人，自然看不起他這個非主流人物，甚至還要處處防著他，即使他真能使失勢的趙章認命，不再爭王位，也不過跟著趙章，一輩子做個非主流的官，碌碌以終。田不禮是個具有政治野心的人，不願如此的他勢必要賭上性命，採取激烈行動。

趙章既然不滿在先，田不禮只要煽動遊說，不難確立他武裝奪權的決心。這君臣二人的利害關係一致，果然很快緊密結合，待機而動。這樣過了四年，有一次趙章回首都邯鄲上朝，主父看到大兒子向小兒子屈膝下拜，忽然心生憐憫，竟開始計畫將趙國一分為二，使兩個兒子都能當上國王，但因茲事體大，一時尚未決定，就暫時拖下來。

這件事造成致命的錯誤。趙章的野心因此被鼓動，迫不及待想當上國王，握有決定權的主父還在考慮的當口，趙章與田不禮已經等不及，軍事政變到此迫在眉睫。

在兩個兒子之間，我們看到趙武靈王的難題與心境的變化。趙武靈王決定讓位是在吳娃死去約兩年時，這時對吳娃的思念很深，使他愛屋及烏，選擇了吳娃生的小兒子。但吳娃不在身邊的幾年過去，傳統禮法開始在他心中發酵，大兒子原來應該有的分量又回到他的考慮中。如果吳娃與他白頭偕老，他大概不會考慮到大兒子，甚至必要時可能廢后，改立吳娃，如此則一切問題解決。然而君王繼承是國家根本大事，太子與王后之位，絕非可以輕易授受，說換就換。趙武靈王退位時的舉措，造成二子相爭之勢，已無妥協的可能。主父心意的起伏變化，只是使趙章與田不禮受到刺激與鼓勵，決定立即冒險而已。

⊙沙丘兵變／餓死行宮／大戰略消逝無蹤

果然不久之後，主父和國王到沙丘地方旅遊，分別住在兩座行宮，趙章與田不禮立即把握機會，發動政變。他們先詐發主父的命令，召國王來見，結果宰相肥義認為可能有詐而先來，立即在路上被殺，消息因此洩漏，政變軍與王室衛隊及聞訊趕來的勤王軍展開大戰。最後勤王軍由王室前輩公子趙成與將軍李兌率領，將政變軍擊敗，政變領袖趙章只得逃往主父的行宮。做為父親，一個還存有愛子之心的父親，主父做出最後一個致命的決定：他打開宮門，接納了大兒子。

勤王軍隨後追到，把行宮團團圍住，攻入大門，搜出趙章，當場殺掉。趙章一死，表面上似乎大功告成；但在政治圈中打滾一輩子的趙成、李兌立刻警覺到他們固然為新國王立下大功，本身卻陷入險境，搞不好就要大禍臨頭。因為主父既然接納趙章，表示王室的父子之情仍在，趙章被殺，主父悲傷惱怒之餘，可以用擅闖行宮、擅殺王子的罪名，輕易置他們於死地；而新國王在叛變的哥哥已死，心腹大患消除之餘，就可能以孝順之名給爸爸一個面子，不會保護他們，還可以趁機借刀殺人，把未來必然出現的兩個權臣先行解決。

那麼，乾脆在行宮中製造更大的混亂以推卸責任，乘亂連主父一起殺掉如何？歷史證明當時這兩個人雖然自知身處險境，卻也不敢殺掉主父，因為弒君是絕對的死罪，他們考慮的應該是現場除自己部下外，還有行宮中的人員、趙章的殘部等，耳目眾多，風險太大，無法祕密進行。於是趙成與李兌使出極端狠毒的絕計，命令行宮中的人員全部離開，走得慢的立刻殺掉。命令一下，行宮中的侍衛、宮女、宦官人人自危，迅速跑光，只剩主父。趙成、李兌遂將行宮包圍封閉，主父就被封鎖在空空蕩蕩的行宮裡，生活無著，飢餓到連梁柱上鳥巢裡的鳥蛋與雛鳥都掏出來吃掉，最後活活餓死，被發現時已過了三個多月。

趙國內亂平定，政局也進入新階段。趙成、李兌為上任不久的吳娃之子趙惠文王（公元前二九八至前二六六年在位）立下大功，從此掌握兵權，當上丞相與司寇的高官，榮華富貴一生。年僅十五歲的趙惠文王在趙成、李兌包圍沙丘行宮的三個多月中居然不出一聲，眼睜睜地看著父親餓死，表示他根本就是這兩個人王宮中的同謀，或者至少等於被這兩個人綁架，怕一旦揭穿陰謀，他們就要造反。這位國王的位置既然由趙成、李兌的保駕勤王而來，又有縱容部下弒父之嫌，也就無法追究沙丘兵變中主父身死的責任歸屬，於是船過水無痕，趙國很快恢復平靜，進入新一輪「一朝君主一朝臣」的局面。

只是主父已死，趙惠文王君臣才具平庸，趙國再也沒有主父那樣高瞻遠矚、身體力行的戰略家，迂迴滅秦計畫再也無人提起。原有臥底意味的樓緩則頓時成為政治孤兒，李兌甚至另行派人到秦國，希望說服秦王罷免樓緩，樓緩聞訊自行辭去相位，從此留在秦國，成為趙國的敵人。趙國至此又陷入「秦國可以打敗，卻無法消滅」的戰略困境，每下愈況。六十七年後，趙國被秦國滅亡，隨後雖然以「代」的名號苟延殘喘六年，卻逃不過被秦國徹底消滅的命運，再過一年，秦國統一天下。

悲劇英雄與歷史走向

趙武靈王是戰國時代的悲劇英雄，在中國歷史上的悲劇英雄中，他絕對是屬一屬二。在公領域，他是偉大的改革者與戰略家，在私領域，他是深愛心上人的丈夫與疼小孩的爸爸。國王的地位，使他的抱負得以施展，成就偉大的功業；但也就是這種「勝者全拿」、「零和競爭」的君主政治制度，使他這樣一個慈愛的父親做出致命的決策，犧牲掉自己與大兒子的性命，也斷送掉趙國的前途。

甚至推論得更遠一點，如果趙國真的借助胡人之力，採取武靈王的大迂迴戰略，以胡服騎射的機動兵團消滅秦國，進而統一天下，則中原農業民族與北方游牧民族間的關係，可能會從此比較融洽，則秦朝時蒙恬北伐匈奴、漢朝初年的「白登之圍」等事件是否會發展得如此激烈與極端，乃至長城是否會在秦時出現，都尚未可知。這樣一來中國文化的發展，也許會是另一番面貌了。

大權在握的人於愛情到來與消失之際，有機會使他在一念之間做出決定，而其影響竟然可能大到如此地步，歷史在此展現其詭異的一面，足供我們參考。

⊙ 中國統一觀念的成形

趙武靈王是個慈愛的爸爸，為同時疼愛兩個兒子，他曾經計畫將趙國一分為二，南部仍為趙國，由吳娃生的小兒子趙何當國王，北部另行成立代國，由正妻韓夫人生的大兒子趙章當國王。這個政策並未定案，而是在研究考慮中就停下來，這才促使趙章與田不禮發動兵變。

從趙武靈王一生的事蹟看，他是個意志堅強，說到做到的人；然而這個將趙國一分為二的想法，他卻猶豫不決，一直拖延到亂事爆發，好像換了一個人。這種情形當然與他跟兩個兒子的感情有關，當然也與他必須研究如何切割，避免國內動亂的考量有關；可是如果我們把眼光放大，從當時的政治思想與政治目標層面去看，則使趙武靈王猶豫不決的另一原因，可能在於分趙國為二國的政策，與戰國時代各國追求統一天下的政治思想與政治目標牴觸有關。

「中國應該統一」的政治理念在中國由來已久，早在戰國時代就已經成形，這可以由孟子與梁（魏）襄王（公元前三三四至前三一九年在位）的對話討論中看出。《孟子．梁惠王上》記載孟子見梁襄王，出來後先對人批評梁襄王說：「望之不似人君，就之而不見所畏焉。」然後敘述兩人當時的對話如下：

引號內為《孟子》原文	**對話的白話翻譯（直譯）**
梁襄王猝然問：「天下惡乎定？」	天下怎樣才能安定？
孟子：「定於一。」	安定於統一。
梁襄王：「孰能一之？」	誰能統一它？
孟子：「不嗜殺人者能一之。」	不嗜好殺人的人能統一它。

梁襄王：「孰能與之？」　　誰能跟隨他？

孟子：「天下莫不與也。……」　　天下沒有不跟隨他的。……

這段記載充分透露戰國中期一位學術思想領袖孟子，與一位政治領袖梁襄王的政治理念。梁襄王見到孟子，突然就發問如何安定天下，可見這是他念茲在茲的最重要問題。孟子回答統一就能安定，可見孟子對統一的重視。然後，梁襄王問的是：「誰能統一？」而沒有問孟子：「為何統一就能安定？」或：「還有其他安定天下的方法嗎？」這表示梁襄王已經同意孟子「統一就能安定」的理念原則，接下去要談的進入方法論部分，才會問「誰能統一」、「為何不嗜好殺人就能統一」等問題。

梁襄王在位期間略早於趙武靈王，孟子與梁襄王的這段對話，一般認為發生在梁襄王初年，由此可見在趙武靈王即位時，中國思想界領袖與政治界最高統治者間，都已經有人具備強烈的統一觀念。趙武靈王曾制定大迂迴滅秦計畫，他既曾消滅中山國，又制定出滅人國家的計畫，應該也是「中國應該統一」論點的支持者。所以我們研討趙武靈王在是否要將趙國一分為二的想法前猶豫不決時，應該加入他心中「平均照顧兩個兒子的親情」，和「統一天下的政治理念」不斷拉扯的因素，才能充分解釋這位悲劇君王，與他自己造成的悲劇。

正是：

茍子花開夢裡看　胡服騎射滿邯鄲
純情道易原非易　強國觀難亦不難
秦殿敢輕西帝厲　沙丘應畏北風寒
君王一世成還敗　念盡吳娃血淚殘

史籍原典

《史記・趙世家》（節錄）

武靈王十六年，秦惠王卒。王遊大陵。他日，王夢見處女鼓琴而歌詩曰：「美人熒熒兮，顏若苕之榮。命乎命乎，曾無我嬴！」異日，王飲酒樂，數言所夢，想見其狀。吳廣聞之，因夫人而內其女娃嬴，孟姚也。孟姚甚有寵於王，是為惠后。

十七年，王出九門，為野臺，以望齊、中山之境。

十九年春正月，大朝信宮。召肥義與議天下，五日而畢。王北略中山之地，至於房子，遂之代，北至無窮，西至河，登黃華之上。召樓緩謀曰：「……今中山在我腹心，北有燕，東有胡，西有林胡、樓煩、秦、韓之邊，而無彊兵之救，是亡社稷，奈何？夫有高世之名，必有遺俗之累。吾欲胡服。」樓緩曰：「善。」群臣皆不欲。

於是肥義侍，王曰：「……今吾將胡服騎射以教百姓，而世必議寡人，奈何？」肥義曰：「臣聞疑事無功，疑行無名。王既定負遺俗之慮，殆無顧天下之議矣。夫論至德者不和於俗，成大功者不謀於眾。……愚者闇成事，智者睹未形，則王何疑焉。」王曰：「吾不疑胡服也，吾恐天下笑我也。狂夫之樂，智者哀焉；愚者所笑，賢者察焉。世有順我者，胡服之功未可知也。雖驅世以笑我，胡地中山吾必有之。」於是遂胡服矣。

使王緤告公子成曰：「寡人胡服，將以朝也，亦欲叔服之。家聽於親而國聽於君，古今之公行也。子不反親，臣不逆君，兄弟之通義也。……且寡人聞之，事利國者行無邪，因貴戚者名不累，故願慕公叔之義，以成胡服之功。使緤謁之叔，請服焉。」公子成再拜稽首曰：「臣固聞王之胡服也。……臣聞中國者，蓋聰明徇智之所居也，萬物財用之所聚也，賢聖之所教也，仁義之所施也，《詩》《書》禮樂之所用也，異敏技能之所試也，遠方之所觀赴也，蠻夷之所義行也。今王舍此而襲遠方之服，變古之教，易古之道，逆人之心，而怫學者，離中國，故臣願王圖之也。」使者以報。王曰：「吾固聞叔之疾也，我將自往請之。」

王遂往之公子成家，因自請之，曰：「……。」公子成再拜稽首曰：「臣愚，不達於王之義，敢道世俗之聞，臣之罪也。今王將繼簡、襄之意以順先王之志，臣敢不聽命乎！」再拜稽首。乃賜胡服。明日，服而朝。於是始出胡服令也。

趙文、趙造、周祒、趙俊皆諫止王毋胡服，如故法便。王曰：「……諺曰：『以書御者不盡馬之情，以古制今者不達事之變。』循法之功，不足以高世；法古之學，不足以制今。子不及也。」遂胡服招騎射。

二十年，王略中山地，至寧葭；西略胡地，至楡中。林胡王獻馬。歸，使樓緩之秦，仇液之韓，王賁之楚，富丁之魏，趙爵之齊。代相趙固主胡，致其兵。

二十一年，攻中山。……攻取丹丘、華陽、鴟之塞。王軍取鄗、石邑、封龍，東垣。中山獻四邑和，王許之，罷兵。

二十三年，攻中山。

二十五年，惠后卒。使周祒胡服傅王子何。

二十六年，復攻中山，攘地北至燕、代，西至雲中、九原。

二十七年五月戊申，大朝於東宮，傳國，立王子何以為王。王廟見禮畢，出臨朝。大夫悉為臣，肥義為相國，並傅王。是為惠文王。惠文王，惠后吳娃子也，武靈王自號為主父。

主父欲令子主治國，而身胡服將士大夫西北略胡地，而欲從雲中、九原直南襲秦，於是詐自為使者入秦。秦昭王不知，已而怪其狀甚偉，非人臣之度，使人逐之，而主父馳已脫關矣。審問之，乃主父也。秦人大驚。主父所以入秦者，欲自略地形，因觀秦王之為人也。

惠文王二年，主父行新地，遂出代，西遇樓煩王於西河而致其兵。

三年，滅中山，遷其王於膚施。起靈壽，北地方從，代道大通。還歸，行賞，大赦，置酒酺五日，封長子章為代安陽君。章素侈，心不服其弟所立。主父又使田不禮相章也。……

異日肥義謂信期曰：「公子與田不禮甚可憂也。其於義也聲善而實惡，此為人也不子不臣。吾聞之也，姦臣在朝，國之殘也；讒臣在中，主之蠹也。……自今以來，若有召王者必見吾面，我將先以身當之，無故而王乃入。」信期曰：「善哉，吾得聞此也！」

四年，朝群臣，安陽君亦來朝。主父令王聽朝，而自從旁觀窺群臣宗室之禮。見其長子章傫然也，反北面為臣，詘於其弟，心憐之，於是乃欲分趙而王章於代，計未決而輟。

主父及王游沙丘，異宮，公子章即以其徒與田不禮作亂，詐以主父令召王。肥義先入，殺之。高信即與王戰。公子成與李兌自國至，乃起四邑之兵入距難，殺公子章及田不禮，滅其黨賊而定王室。公子成為相，號安平君，李兌為司寇。公子章之敗，往走主父，主父開之，成、兌因圍主父宮。公子章死，公子成、李兌謀曰：「以章故圍主父，即解兵，吾屬夷矣。」乃遂圍主父。令宮中人「後出者夷」，宮中人悉出。主父欲出不得，又不得食，探爵鷇而食之，三月餘而餓死沙丘宮。主父定死，乃發喪赴諸侯。

是時王少，成、兌專政，畏誅，故圍主父，主父初以長子章為太子，後得吳娃，愛之，為不出者數歲，生子何，乃廢太子章而立何為王。吳娃死，愛弛，憐故太子，欲兩王之，猶豫未決，故亂起，以至父子俱死，為天下笑，豈不痛乎！

陸

戰國八卦女王 快意人生

西北英雌秦宣太后

男人老是上當，並不是因為女人騙他，

而是他的想像力騙了自己。

——華盛頓 · 歐文

（Washington Irving, 1783 ～ 1859，美國作家，著有《李伯大夢》等書）

問題的提出

中國歷史上曾有三位女性掌控國家大政四十年以上，她們是誰？

從現在往前推，第一位是清朝的慈禧太后，她自一八六一年（清咸豐十一年）發動辛酉政變奪權成功到一九〇八年（清光緒三十四年）病死，掌政四十七年。

第二位是唐朝時的武則天，她自六六〇年（唐顯慶五年）以皇后身分參預國政到七〇五年（武周神龍元年）在政變中被迫退位，掌政四十五年。

這兩位女性盡人皆知，那麼，第三位呢？

這第三位女士幾乎隱沒在歷史中，各種史書裡都沒有她個人的傳記；然而她志向之宏遠，作風之強悍，識人之精準，對國家貢獻之偉大，乃至私人生活的作風都不下於武則天。她是戰國時代秦國的宣太后（？至公元前二六五年），秦惠文王之妾，秦昭襄王之母，姓芈，又稱芈八子。宣太后自公元前三〇七年（秦武王四年）以太后身分掌政到公元前二六六年（秦昭襄王四十一年）權力被奪，掌政四十一年。

秦國能夠消滅六國，統一天下，是君臣上下好幾代努力的結果。公元前三五九年秦孝公用商鞅變法，秦國開始富強，到公元前二二一年秦始皇一統天下，共用了一三八年時間。

這段時間裡，有四十一年秦國由宣太后掌握國家大方向，恰好占30%，宣太后對秦國乃至中國歷史的影響與重要性，於此可以想見。

戰國時代秦國是個特殊的國家，一方面她變法最全面、最徹底也最成功，因此中央集權，動員能力極大，另一方面她的戎狄屬性也最強，因此戰鬥力極強。

秦國位於陝西，貼近中國西北的遊牧民族戎狄區域，其戎狄屬性當然有源於自然環境的地理因素；然而緊臨戎狄的秦國如何處理戎狄問題？如何征服戎狄，將戎狄納為己用？則是一般歷史書較少提及的部分，遠遠不及商鞅變法。

今天若想找到這些問題的答案，就必須從宣太后芈八子女士身上，尤其是她的八卦入手。

宣太后的八卦不只一次，其中最著名的一次帶著異國色彩，橫跨三十多年，以溫柔纏綿開始，以凶險謀殺告終，又和秦國的發展與國運有關，堪稱戰國第一國際政治性八卦，值得研究。

⊙基本資料

依據《戰國策》、《史記》、《後漢書》等史料，我們對此事件可以列出下列表格做為基本參考資料。

- **秦宣太后相關人物及關係表**[1]

「ⓧ」表示婚姻或性關係，「↓」表示親子關係。

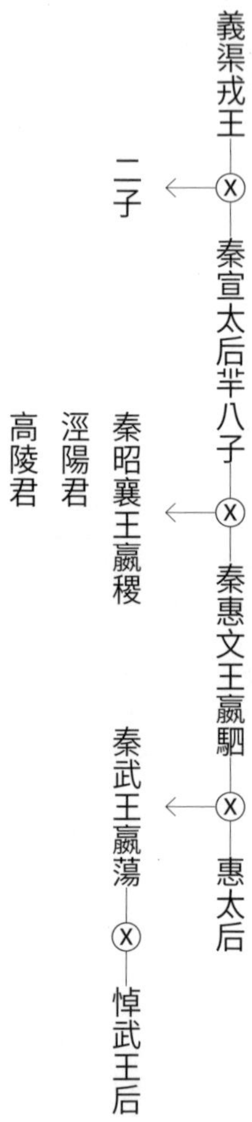

按1 ｜秦相穰侯魏冉為秦宣太后同母異父弟，華陽君芈戎為秦宣太后同父弟。

・秦宣太后相關大事年表

公元前	秦紀年	大事
三三八年	孝公二十四年	秦孝公死，子惠文王繼位，誅殺商鞅。
三三七年	惠文王元年	
三三四年	四年	娶魏女為夫人即惠后、惠太后，惠后後生秦武王嬴蕩。
三三一年	七年	義渠戎國內亂，秦干預，義渠向秦稱臣，此後雙方屢次作戰，互有勝負。
三二五年	十三年	惠文王妾楚女芈八子生秦昭襄王嬴稷。
三一八年	後元七年	公孫衍合縱楚、韓、趙、魏、燕五國聯軍攻秦。義渠趁秦軍主力與五國交戰之機從後路進攻，大敗秦軍。
三一四年	後元十一年	秦大敗義渠，取二十五城。
三一一年	後元十四年	秦惠文王死，子武王繼位。

公元前	秦紀年	大事
三〇七年	武王四年	秦武王舉鼎死，無子，異母弟嬴稷自燕國回國繼位，即秦昭襄王。羋八子母以子貴，稱宣太后，開始掌政。 昭襄王即位典禮時，義渠戎王來朝賀，宣太后與他私通。二人此後連續私通，生有二子。
三〇六年	昭襄王元年	楚、韓作戰，韓不利，求救於秦，宣太后不發兵。韓另派人遊說昭襄王，王決定出兵，楚撤退。
三〇五年	二年	宣太后用異父弟魏冉平定內亂，殺惠太后及昭襄王諸兄弟，遣送武王妻即悼武王后回魏國娘家。
三〇一年	六年	用司馬錯之謀取蜀。伐楚，斬首兩萬。
二九八年	九年	伐楚，取八城。以齊孟嘗君為相。趙主父冒充使者來秦。
二九七年	十年	扣留楚懷王。孟嘗君逃歸齊，以趙人樓緩為相。
二九六年	十一年	齊、韓、趙、魏、宋、中山合縱攻秦，秦求和。
二九五年	十二年	罷免樓緩，以魏冉為相。

公元前	秦紀年	大事
二九三年	十四年	白起為將大敗韓、魏聯軍於伊闕，斬首二十四萬，取五城。
二八八年	十九年	秦稱西帝，齊稱東帝，後自去其號。
二八四年	二十三年	與燕、三晉聯軍伐齊，齊大敗，幾乎滅亡。
二七八年	二十九年	以白起為將攻楚，破楚都郢，楚遷都至陳。
二七五年	三十二年	魏冉攻魏，直抵魏都大梁城下，斬首四萬。
二七四年	三十三年	攻魏，斬首十五萬。
二七二年	三十五年	宣太后誘殺義渠戎王於甘泉宮，秦攻滅義渠。
二七一年	三十六年	攻齊，取剛、壽為穰侯魏冉封地。 魏人范雎入秦，質疑宣太后與魏冉政策，提出「遠交近攻」策略，得昭襄王重用。
二六九年	三十八年	攻趙，被趙將趙奢擊敗於閼與。

公元前	秦紀年	大事
二六六年	四十一年	宣太后被廢，穰侯魏冉、高陵君、華陽君、涇陽君遷往關外，范雎為相。
二六五年	四十二年	以安國君嬴柱為太子。宣太后死，死前納諫，免情人魏醜夫殉葬。

◆秦宣太后八卦始末

⊙普通妃妾／後宮守寡／鬥爭掌權

秦宣太后出身楚國王室，姓羋，年輕時成為秦惠文王（公元前三三八至前三一一年在位）的妾。依照秦國後宮的制度，秦王的正妻是王后，妾則依其地位，有夫人、美人、良人、八子、七子、長使、少使等稱號。秦惠文王時宣太后位居「八子」這一級，因此被稱為「羋八子」，是個地位中等的後宮妃妾。羋八子在秦惠文王後宮裡地位普通，不過她有三個兒子，表示還頗得丈夫寵愛，她同母異父弟弟魏冉也在秦國朝廷裡做官。這種各國王室通婚，各國朝廷聘用外國人才做官的現象，在戰國時代也很普通。

秦惠文王死後，王后生的嫡子嬴蕩繼位，是為秦武王（公元前三一一至前三〇七年在位），宣太后則和其他先王的妻妾一樣，都在宮中守寡。如果沒有四年以後發生的不測變化，她應該就此終老秦宮，成為中國歷史上無數默默無聞的宮廷寡婦之一。

歷史的偶然，使宣太后的後宮守寡生涯變得並不長，原因出在秦國新任的君主武王。秦武王是中國歷史上非常特殊的國君。他十九歲即位，體魄健壯，力氣強大，喜好和人比力氣，大力士任鄙、烏獲、孟說都因此做了大官，長年跟隨在他身邊；然而自從他娶妻直到二十三歲時意外身死，一直沒有任何子女的紀錄。將這些現象綜合起來研判，他不無同性戀的可能。

雖然如此，秦武王嬴蕩仍然是秦國的國王，當然繼承秦國傳統，也有號令天下的企圖，而年輕氣盛的他採取直接威脅周天子的策略。秦武王於三年（公元前三〇八年）對丞相甘茂說：「我想乘掛帷幔的車，通過三川郡，一睹周天子王城。如果能達成願望，即使死去也沒有遺憾。」當年秋天，派甘茂率兵攻打韓國的宜陽，以打開直通洛陽的道路。武王四年（公元前三〇七年），秦軍攻占宜陽，殺韓軍六萬人，渡過黃河，在武遂築城。宜陽之戰後，秦國疆域擴張到洛陽西邊不遠，周王已經完全暴露於秦國之前。秦武王先派叔父樗里疾率領一百輛戰車到周都王城耀武揚威，周朝的末代君主隱王（或稱赧王，公元前三一四至前二五六年在位）派出士兵列隊迎接，十分恭敬。秦武王隨後抵達周都王城，見到許多鐘鼎寶器，一則技癢，一則有意造成自己撼動周朝鼎器的形象，就與孟說比賽舉「龍紋赤鼎」，結果力氣不濟，未能舉起，被鼎壓下來折斷脛骨而死。這一幕戲劇性的變化在中國歷史上絕無僅有，周隱王因此暫時逃過亡國之劫，孟說則因慫恿秦武王舉鼎被誅滅三族。

秦武王娶魏國宗室女子做王后，沒有兒子，武王一死，武王的許多異母兄弟立即展開明爭暗鬥，秦國的王位也變成其他各國投機的標的。雄才大略的趙武靈王聞訊立即派代表到燕國，與燕國合謀，將在燕國當人質的秦武王之弟、芈八子的兒子公子嬴稷送回秦國繼位。

對於芈八子與魏冉而言，這是天上掉下來的機運。他們立刻內外合作，聯繫趙國、燕國，成功迎接回公子稷稱王，就是秦昭襄王（公元前三〇六至前二五一年在位），並在秦國內部布置，全力鞏固兒子的王位。此時惠文王的正妻惠文后和武王的正妻武王后婆媳倆也共謀，要擁立武王的另一個弟弟公子壯為王，兩派人馬遂無可避免地發生武裝衝突，史稱「季君之亂」。

經過兩年多的廝殺拚戰，宣太后、魏冉一派獲勝，公子壯、惠文后及支持他們的大臣、公子都被殺，只剩孤伶伶一個武王后，被秦國驅逐出境，送回她的娘家魏國，總算保住性命。秦國局面安定下來，出身楚國的宮廷女子羋八子也開始大展身手。

羋八子在兒子昭襄王即位後晉升為太后，稱為宣太后。秦昭襄王年輕，得到王位全靠母親和舅舅，即位之初並無政治力量，宣太后於是理所當然地掌管秦國大權。宣太后封同母異父的弟弟魏冉為穰侯，並任將軍，掌握兵權；再封同父弟弟羋戎為華陽君；又封自己兩個小兒子，也就是昭襄王同父同母的兩個弟弟嬴悝為涇陽君、嬴顯為高陵君。穰侯魏冉、華陽君、涇陽君、高陵君四個人在前台執行宣太后的政策，權力極大，稱為秦國的「四貴」。宣太后母親的族人向壽當時也在秦國做官，卻與武王任命的丞相甘茂不合。公元前三〇六年，新政府找個機會將不屬於新統治核心的前朝遺老甘茂罷免，起用向壽出任丞相，甘茂只得投奔齊國。至此秦國一個嶄新的政治權貴集團完全成型，名義上由昭襄王領導，宣太后則是實際的掌舵者。秦國宮廷中一向有來自各國的后妃與她們的娘家人組成不同的外戚集團，彼此間時常鬥爭，這次昭襄王初年秦國新統治集團成立，可以視為秦國內部魏國外戚派被徹底鬥倒，楚國外戚派大獲全勝。

⊙房事論政

宣太后掌握秦國政權時應該是三十歲出頭，這位初入中年的輕熟女太后，一朝權在手後的言論與行為立刻跌破眾人眼鏡，成為超級八卦。

公元前三〇七至前三〇六年，楚國出兵攻打韓國，包圍韓國的雍氏城（今河南省禹州市東北），長達五個月。韓王多次派使者向秦國求援，秦國一直按兵不動。韓國見事情緊急，又派出著名說客尚靳為使者，在秦昭襄王面前以「脣亡齒寒」的道理勸說秦國儘快派兵救援。這時宣太后出馬，她表示，韓國使者來得多了，只有尚靳的說詞有道理，於是召見尚靳，對他說：

「當年我服侍先王時，先王把大腿壓在我身上，我感到疲倦，不能承受；他把整個身體壓在我身上，我卻不覺得重，因為這樣對我有些好處。如今秦國要援助韓國，假如發動的兵力不足，糧草不多，就不足以解救韓國。說起來解救韓國的危難，每天要耗費千金，卻不能使我有什麼好處。」

此話一出，八卦洶湧，想必韓國特使尚靳和宣太后身邊的侍從人人聽得目瞪口呆。宣太后自爆八卦，以她跟老公的房事做為比喻論政，竟成為千古一人，是中國歷史上的唯一案例。

這個案例太特殊也太奇怪，使我們不得不研究宣太后為何要這樣說。宣太后不同意秦國出兵援韓抗楚，原因不難理解，因為一來楚國是她的故鄉，本來就有感情，她又剛剛得到政權，在外交上需要娘家楚國這樣大國的支援，不願意為韓國弄壞秦、楚關係；二來當時秦國的內戰尚未結束，也不宜對外用兵。所以一旦得知韓國新任使者能言善道，有可能說服自己少不更事的兒子時，當然只有老娘親自出馬，要讓韓國知難而退。然而這番拒絕之詞其實可以很簡單，只要說：「楚國兵馬眾多，我們秦國要能解救韓國的危難，就必須花費極多人力物力，可是我看不出可以得到什麼好處。」就夠了，韓國得到如此清楚明白的訊息，只能或者另出說詞再試，或者摸摸鼻子走路，找其他國家幫忙。宣太后不此之圖，以房事比喻國事一番，卻仍然得出相同結論，讓人覺得她的自爆八卦似乎多餘，無異畫蛇添足；於是我們必須問，她說這話時究竟是言為心聲的脫口而出，或者有另外的考慮才故意如此說？

宣太后自爆的八卦內容可能是她真實的感受，但以她在其他政治事務上的表現，她非但不是胸無城府的深宮婦女，反而是老謀深算的政客，以下將詳細敘述。所以這番「房事論政」八卦出現的可能原因是，宣太后有意為自己塑造「潑婦耍賴」的形象，用女人的方法解決這個問題。因為畢竟自己的兒子已經成年，正是國王，朝廷上也有許多文武大臣，國家大事理論上應該由他們掌管；所以如果只是就事論事，省略掉房事八卦，則以太后的身分做出如此舉動，將成為越俎代庖、牝雞司晨，並不相宜；但是如果像這樣公然跟韓國使者以性論政，就會符合一個見識淺薄的深宮女人氣急敗壞的樣子，人們知道後可能只會大笑幾聲，認為「女人就是這個樣子」，她則可以既達到目的，又藉此形象避免掉許多政治上的尷尬。果真如此的話，宣太后此番言論非但不是不知好歹的婦人之言，還可謂洞察形勢，標明立場，善用比喻，舉動得宜，顯然出於一個政壇老手兩面兼顧的算計。

韓國使者尚靳碰到這樣一個出乎意外的釘子，只得急忙寫信向國王報告。著急的韓王立刻再派另一名說客張翠出使秦國，這次張翠改以秦國丞相甘茂為遊說對象，才終於通過甘茂說服昭襄王同意出兵。楚國久攻雍氏不下，又聽說秦國決定出兵救援韓國，遂自動撤圍退走，一場風波消弭，秦國也沒有因此與楚國交戰。雖然如此，甘茂卻顯然就此得罪了宣太后，斷絕掉他在秦國的宦途。果然不久之後，甘茂被罷免，落跑到齊國，宣太后的親戚向壽出任秦國丞相，宣太后的勢力再度增加。經過這一番政治過招，雖然宣太后的房事論政怪招並未直接成功，實務面上她仍是贏家。

⊙私通番王／戀姦情熱／太后生子

宣太后對於性，不是只有說說而已。就在她守寡四年，兒子登上國王寶座的時候，她有了情人，還是個老外的國王。

這位宣太后的情人是戎族國家義渠的國王。義渠是東周時陝西涇水北部至河套地區的一支半遊牧民族，位於秦國北方，當時已經修築許多城，具有一定的政治組織，可以稱為國家。義渠早年曾向秦國進貢，後來逐漸定居，農牧兼營，力量增強，就與秦國時和時戰，互有勝負。秦惠文王十一年（公元前三二七年），義渠新王即位，居然前往中原訪問魏國，尋求夾攻秦國的機會。秦惠文王後元七年（公元前三一八年），東方六國合縱攻秦，秦軍主力調往東方作戰，義渠乘機起兵，從後路偷襲秦國，留守的秦軍迎戰大敗。不久秦國擊敗六國聯軍，回師討伐義渠，後元十一年（公元前三一四年），秦軍取勝，奪得義渠二十五城。秦武王元年（公元前三一〇年），義渠乘秦國的國喪出兵攻擊，被秦軍再次擊敗。武王死，年輕的昭襄王回國繼位，秦國內部不穩，義渠又乘機崛起。

這就是宣太后開始掌握秦國大權時秦國與義渠的形勢，義渠這個並不友好的外族鄰國，一直是秦國的後患。很明顯的，秦國若想向東方發展，消滅六國，必須先解決後方的義渠問題，宣太后做為秦國的新領袖，則必須對此種形勢做出因應。

宣太后的因應之道又跌破眾人眼鏡，她竟和義渠國王上床，將這位戎族君主納為入幕之賓。宣太后的機會是公元前三〇六年她兒子昭襄王的即位大典，這場典禮義渠國王受邀參加，這本是一般的外交儀式，但宣太后藉典禮之便，就和義渠王私通起來。考慮當時的情況，私通主動的一方應該是宣太后，因為一個出國訪問的君主，不論基於外交禮儀或自身安全的考量，即使心儀、垂涎，都不太可能大膽到去挑逗地主國的太后。宣太后過去並無機會與義渠國王相處，所以說她是一見義渠國王就投懷送抱，也無不可，於是她如此主動的動機也就耐人尋味。

如果我們只從宣太后淫蕩、性饑渴著眼，將過分淺薄，小看政治人物。對於政治人物而言，達成政治目標是第一而且唯一要務，一切言行都為此而發；但假如為達成政治目標而採取的行動也能兼顧私人生活，則屬於「公私兩便」，何樂而不為？宣太后顯然在兒子的即位大典上一見鍾情，愛慕起義渠國王這個異性；然而她做為秦國的舵手、一個老練的政治人物，也必然同時發現，只要義渠國王成為自己的情人，秦國長久以來的北方邊患即可停止，於是當然「公私兩便」起來。

義渠國王對此飛來豔福想必受寵若驚，手舞足蹈，從此和宣太后成為長久的情人。他們平時雖然在各自的國家管理政務，但一有機會就見面燕好，還陸續生下兩個兒子。我們可以想像這對君主情人多年間的私下邀約、濃情歡會、難捨難分、兩地相思、情書往來、通報生子……等等，等等情節，這些經歷，足可寫出一部羅曼史愛情小說，或拍成一部歷史愛情連續劇。當然在二人私通的時期，秦國與義渠和平相處，不會在戰場上兵戎相見，這段期間的歷史記載中，也確實找不到雙方發生戰爭的紀錄。

⊙翻臉無情，痛下殺手

宣太后與義渠國王的私情維持了大約三十五年，直到……

歷史記載，秦昭襄王三十五年（公元前二七二年），宣太后誘殺義渠國王於秦國甘泉宮。秦國隨即出兵，滅亡義渠，將義渠殘部逐出黃河以南地區，在其地設置隴西、北地、上郡三郡，並在邊境開始修建長城。

在這裡，我們看到一個女性政客如何翻臉無情，對跟自己同床共枕三十多年的老情人毫不猶豫地動手。在痛下殺手之際，什麼你儂我儂、難分難捨、無限相思、山盟海誓、天長地久立刻煙消雲散。義渠國王必然沒有料到，行之多年的情人私會，最後一次竟然是精心布置的陷阱，宣太后的真面目，是不折不扣的黑寡婦毒蜘蛛。如果真有前述羅曼史小說或電視劇的話，這次甘泉宮謀殺案，理所當然是最後的高潮。宣太后翻臉時的冷酷無情，義渠國王恍然大悟後的懊悔不及，閉起眼睛這些情景幾乎都可以出現在我們眼前。於是我們又必須問，宣太后為何要殺掉老情人？還有，她為何等到三十幾年後才殺？

殺掉老情人的原因當然是為達到政治目的。就秦國與宣太后的立場看，要想稱霸天下，進而消滅東方六國，統一天下，必須先解決後患義渠國；要想解決義渠國，又非出兵作戰不可。然而義渠國擁有一定實力，並非易與之輩，如果在義渠有準備時貿然動兵，不但沒有取勝把握，戰事還可能拖長，如此東方六國就可能組成聯軍從東方夾攻秦國，秦國將陷於兩面作戰，大大不利，這是秦國從前就嘗過的苦頭；因此消滅義渠國的戰爭必須採取閃電突襲方式，速戰速決。

於是尋求恰當的突襲機會，就成為秦國對義渠發動最後之戰的關鍵，而宣太后誘殺義渠國王，無疑是創造出這個機會。當時義渠國王已經在位很久，義渠與秦國的關係，不論於公於私都長久融洽，多年以來義渠對秦國的防備之心早已降至甚低，所以將出國私會情人的義渠國王殺掉，必然嚴重震撼義渠，甚至可能使義渠出現諸王子爭位的內亂，秦國則有足夠的時間預作準備，事前調集大軍埋伏在邊境，只等震撼作用發生後立刻發動突襲，不難一戰成功。

這種事情真要有心，應該什麼時候都可以做，因此我們必須再問：宣太后選擇在公元前二七二年這個時間點動手，有她的理由嗎？

對於一個政治人物來說，當然有。我們不妨這樣看，原來這樁政治謀殺案發生時，兇手與被害人的年紀都已經相當老。前面推估宣太后公元前三一一年守寡時年約三十出頭，此因她的兒子昭襄王生於公元前三二五年，到父親惠文王死時年十八歲，若宣太后十七歲左右生子，則她應該生於公元前三四一或三四二年，故公元前二七二年宣太后殺義渠國王時她已經約七十歲；義渠國王私通宣太后三十五年，他被殺時即使不比宣太后老，也應該有六十多歲。宣太后謀殺義渠國王這件事如果發生在市井之間，其實可以看成一個年屆古稀的老太太，謀殺掉與她年齡接近的三十五年老情人。在這裡，年齡與時間的因素赫然出現。

首先，要義渠王和他的國家放鬆對秦國的戒心與防備，需要一段不短的時間，也就是「溫水煮青蛙」的故事裡把水慢慢加熱的時間，以宣太后的老謀深算，大概她認為三十年以上是答案。

其次，我們必須考慮宣太后的年紀。宣太后當時已年約七十，義渠國王應該也差不多，這兩個人都屆齡晚年，隨時可能死亡。假使兩人中宣太后先死，則密邀老情人相會的機會將立刻消失，無法藉此把義渠國王誘入秦國；假使義渠國王先死，則義渠國將出現新王，一切從頭來過，謀殺計畫無疾而終，在政治上宣太后等於白陪義渠國王上了三十多年床。雖然在私人生活上並非如此，卻也失去「公私兩便」的原意。

所以發生在公元前二七二年秦國甘泉宮裡的謀殺案，必然是宣太后深思熟慮後下的決心，定的計謀，選的時間。她用三十五年的歲月慢慢將水加溫，這時已接近可以殺死青蛙的臨界點，她再抓住隨時可能被自然死亡奪去，一個恰當又難得的機會，加上最後一根壓死駱駝的稻草，燃起熊熊烈焰，一舉把青蛙煮熟，完成秦國消滅義渠的大業。

如果還要問年紀一大把的義渠國王這次為何依然應邀前往，沒有考慮到可能的風險？第一個答案應該是人的慣性與惰性，這點許多人都有經驗，不必多說。第二個答案可能是男人感情的特性，原來男人的感情，傾向於難以專一，卻比較持久。試想經過三十多年私下的交往，還生下兩個孩子，義渠國王必然對宣太后有感情留存，一個三十多年老情人想再見面的呼喚，終於使他走上通往死亡的不歸路。

或許有人會認為一個年約七十的老婦人，本身很難談到甚麼性吸引力，從這方面看，義渠國王似乎並沒有強烈的色慾理由輕忽風險而去；然而宣太后既然掌控秦宮，手下美女如雲，不難事先安排幾個美貌宮女，在二人最後兩、三次見面時先下手色誘義渠王，只要義渠王一旦貪色上鉤，就不怕他不再來。政治權謀裡本來就有美人計，宣太后既然自己行之在先，則人老珠黃時換人再執行一次，也並非沒有可能。

至於義渠國王與宣太后私通三十五年，他如此長久的維持此種關係，是否也有政治上的考慮？做為一個國王，他當然也可能想將計就計，企圖透過與宣太后的關係影響甚至控制秦國，如果真是這樣，也有助於解釋他為何會一直去秦國。只是史書並未記載義渠國王這方面的考量與政策，對此我們只能存疑。

最後，對這樁謀殺案發生的必然性，我們還可以從另一個角度研究。歷史明文記載，宣太后曾和義渠國王生下兩個兒子，史書卻沒有告訴我們後來這兩個小孩的下落。如果這兩個小孩能夠長大成人，宣太后身為母親，必然要為兒子的前途打點，何況以她的深謀遠慮，更必然會將這兩個兒子的作用好好發揮。小孩的爸爸既然是義渠國王，則不論做為母親或秦國的當家太后，她混血兒子的最佳前途，當然是下一任義渠國王。如果宣太后當上兩個國王的母親，不但將獲得當時身為女人的最大成就，一輩子心滿意足，秦國與義渠也可以進一步友好，將來就有希望用懷柔的方式，解決義渠問題，例如設法推動雙方合併。歷史上一九一〇年日本宣布名義上的「日韓合併」，卻將韓國實質滅亡，變為殖民地，將娶了日本籍皇后的韓國皇帝變成一個日本貴族，就是這種案例。

史書對這兩個小孩的下落既然全無記載，比較可能的原因是他們都在幼年至青年時期夭折，未能長大繼承義渠王位。古代醫藥衛生條件差，嬰幼兒乃至青少年夭折率甚高，此事並不意外；可是如此一來，原先的期待落空，在柔性解決義渠國無望之下，宣太后就只能狠下心來，訴諸謀殺與戰爭了。

無論採用何種方法，宣太后終於解決掉困擾秦國多年的義渠問題。宣太后本人可能還沒有統一天下的強烈企圖心，例如楚國畢竟還是她的娘家，她總有感情；但宣太后以她女性獨有的方法解決義渠問題，卻是秦國能夠統一天下的重要因素。試想義渠國成為秦國的一部分後，原來屬於義渠的人力、物力從此改屬秦國，秦國的土地與人口大增，原來派駐西北的邊防軍還可以大部分改調他處應用。義渠是西北半農半牧的民族，擁有騎士、馬匹，更有大量騎兵部隊的作戰經驗，這支生力軍一旦加入秦國，秦軍的數量、裝備與戰鬥力立刻更上層樓，使東方六國難以匹敵，秦國基本形勢更好，統一天下的進程也更向前一大步，這正是宣太后的功勞，也是她留給秦國的偉大貢獻。

⦿ 掌權／失勢

宣太后掌權多年，也做了不少事。做為太后，她為兒子秦昭襄王娶來楚國的王族姑娘，也將秦王之女嫁到楚國。這種做法為的是繼續培養秦國宮廷中的楚國勢力，也希望在楚國宮廷中培養秦國的勢力。宣太后在後宮打滾一輩子，這些自然要做也會做，對她來講，卻只能算基本技術。

對於秦國的朝廷，宣太后始終透過楚國外戚集團掌握；但她懂得提拔人才，並非唯自己家人是用。宣太后的弟弟穰侯魏冉幾次為相，長期執掌秦國朝政，但就在此期間，秦國曾聘請齊國的孟嘗君為相，更重要的是發掘出戰國時代最偉大的軍事家白起，加以重用，還將他以「將軍」這個官銜任用，明白表示就是要他指揮軍隊。宣太后、魏冉繼續執行商鞅制定的「耕戰」政策，不斷對外用兵。秦軍在超級軍事家白起指揮之下屢次戰勝，確立秦國的超級大國地位，奠定消滅六國的基礎，並在宣太后死後不久的公元前二六〇年長平之戰中，一舉坑殺趙軍四十萬人，使秦國的強敵趙國幾乎滅亡，各諸侯國也為之喪膽，確定秦國消滅六國、統一天下的形勢。早在昭襄王十九年（公元前二八八年），昭襄王即自稱「西帝」，顯然已經不以「王」的頭銜為滿足，後來雖然宣布取消，卻也充分顯示宣太后當政時秦國的強大與野心。

宣太后長期主政，任用弟弟魏冉、芈戎及兩個兒子，當時稱為「四貴」。穰侯魏冉擔任國相，華陽君、涇陽君和高陵君輪番擔任將軍，他們各有封地，累積無數財富，甚至超過中央政府，若說當時秦國是由外戚集團統治，也無不可。

然而一種情勢持續久了，終究會發生變化。昭襄王三十六年（公元前二七一年），秦國在宣太后的策劃下已經消滅義渠，向西北方開疆拓土成功，宣太后和昭襄王想必都鬆了一口氣，昭襄王遂有空閒召見外國來的智謀遊說之士，希望得到一些有用的人才與建議。此時丞相穰侯魏冉的對外政策是越過韓國、魏國去攻打齊國，表面上看是「先難後易」戰略，即先將六國中最強的齊國擊敗，其他就更容易對付，其實是希望取得齊國西部領土，以擴大自己的封地。這種作風逐漸造成外戚集團與昭襄王之間的矛盾，遂使從魏國來的遊說之士范雎（當時化名張祿）找到理由，向昭襄王陳述利害。

首先在外交方面，范睢批評魏冉進攻齊國的策略非但錯誤，而且有私心，因為秦國進攻齊國必須向韓國、魏國借道，屬於越境作戰，路途太遠，變數太多，極易致敗，即使取勝，占領的土地也將變成魏冉的封地，使魏冉更加尾大不掉。范睢隨即提出「遠交近攻」的基本戰略，主張秦國應該放下齊國，而以全力進攻韓、魏這兩個較為弱小的鄰國，這樣不但容易取勝，而且「攻下一寸土地就成為您[2]的一寸土地，攻下一尺土地就成為您的一尺土地」。昭襄王認為有理，對范睢十分看重，范睢就找到一個閒暇方便時的機會，進一步進言：

「我在太行山以東的時候，只聽說齊國有田文[3]，從未聽說齊國有齊王；只聽說秦國有太后、穰侯、華陽君和高陵君、涇陽君，從未聽說秦國有秦王。……如今太后獨斷專行，毫無顧忌，穰侯出使外國，回來從不報告，華陽君、涇陽君處罰人隨心所欲，高陵君任免官吏從不上呈。……既然如此，大權怎能不旁落，政令又怎會從大王發出呢？……今天秦國從有等級的官吏到諸位大臣，以及大王左右的侍從，都屬於相國魏冉，大王在朝廷成為孤家寡人。我實在為大王不安。再這樣下去，將來擁有秦國的不會是大王的子

按2　｜秦昭襄王。
按3　｜即孟嘗君。

孫。」

這番話真正說到秦昭襄王的心坎裡。原來秦國自從商鞅變法，一直在收奪原有貴族的封地與特權，推行郡縣制，此後大權由秦王掌握，不容許地方割據。范睢的話使做為秦國國王的昭襄王，頓時產生維持權力的急迫感與繼承傳統的責任感，這位時年五十四歲的國王，終於決定採納范睢的建議，開始剝奪宣太后與楚國外戚幫的權力。

宣太后與楚國外戚集團的權力從此走下坡，到昭襄王四十一年（公元前二六六年），昭襄王把穰侯及高陵君、華陽君、涇陽君逐出關中，罷免穰侯相位，改任范睢為相，封為應侯。至此，在秦國執政四十一年的秦宣太后終於走下政治舞臺。

⊙直到臨終都務實，饒小情人一命

宣太后晚年雖然不再管理國事，卻並未像一般政客失去權勢後就沒沒無聞。做為戰國時代的八卦女王，她的八卦一直延續到去世之前，在這點上，武則天都無法與她相比。

宣太后並非只有義渠國王一個情人。歷史記載，她至少還有一個情人名喚魏醜夫，十分受她寵愛，寵愛到即將病死時，想用魏醜夫為她殉葬。由此看來，魏醜夫的年齡應該比宣太后小，甚至可能年輕一大截。魏醜夫何時成為宣太后的面首，不得而知；然而從史書並未記錄他們有小孩看來，魏醜夫或許是宣太后更年期以後的男寵，很可能宣太后與義渠國王私通的後期，在義渠國王沒來的日子，長期陪伴在她身邊的就是魏醜夫。

西方諺語說：「人人都和上帝有一個約會。」宣太后七十幾歲時終於生病，病情日益嚴重，即將去世時，老太后傳令：死後用魏醜夫殉葬。

殉葬在當時十分風行，為主人殉葬被視為理所當然，秦國尤其有殉葬的傳統，早在春秋秦穆公的時代就已到達高潮。魏醜夫把宣太后侍奉得貼心滿意，她則要把魏醜夫帶到地下，在另一個世界繼續伺候她，並不意外；何況宣太后平生敢作敢為，殺人不眨眼，聲名遠播，要個把人殉葬，不論對她或對秦國，都不是甚麼大事。但從魏醜夫的角度看，他讓宣太后多年如此寵愛，應該已經得到不少好處，宣太后一死，正好可以重新享受人生，我們因此可以想見魏醜夫得知宣太后要他殉葬後，那種既萬般不甘願，又恐懼到極點的樣子。

魏醜夫在宣太后身邊已經有一段時間，憑藉和太后的關係，必然已經建立起他自己的人脈，一見事態緊急，趕快找到一位說客庸芮去遊說宣太后。庸芮和宣太后的對話，遂成為宣太后一生最後的紀錄。

庸芮首先問宣太后：

「太后認為人死後有知覺嗎？」

宣太后說：

「沒有知覺。」

庸芮說：

「如果太后這樣的聰明睿智，明知人死後沒有知覺，那為何要白白將活著時心愛的人，埋在已經沒有知覺的死人身旁？如果死人有知覺，那麼先王對您累積的憤怒已經很久了，太后您彌補過失都來不及，又怎能有空閒和魏醜夫私會呢？」

宣太后說：

「好。」

於是撤銷要魏醜夫殉葬的命令。

在這裡，我們看到宣太后務實的一面，直到臨終不改。宣太后生活的年代，殉葬早已行之有年，陰陽五行的理論體系剛剛成立不久，燕國、齊國更是神仙家充斥，到處宣揚如何求仙、成仙。在這樣的時代氛圍裡，病入膏肓，正在面對死亡的宣太后對庸芮的詢問，竟然直接回答人死後沒有知覺！雖然如此，庸芮不愧是個思慮周密的說客，他連萬一宣太后不排除人死後可能有知的情況都想到了，話鋒一轉，從「死後有知覺」的一面出發，要當寡婦後不斷和男人廝混的宣太后，在九泉之下準備面對同樣有知覺的丈夫惠文王的責難，如此一來，當然最好不要帶上情人。

所以不論宣太后相信人死後無知或有知，我們只能說，宣太后最後選擇不要魏醜夫殉葬，都是基於務實的考慮與決定，她是一個徹底務實的人。如此一來，我們終於可以解答宣太后為何屢次鬥爭不手軟，殺人不眨眼，因為她雖是女人，卻是一個政客，而「不慕虛名，務求實效」正是一個成功政客的必要條件。

即使如此，如果宣太后明知人死無知，還把魏醜夫殉葬，則以宣太后的威權與地位，加上當時的環境，她絕對有能力輕易做到；然而她並沒有這樣做，這就成為我們對宣太后最後一件必須分析的事。

假使宣太后不聽勸諫，當真把魏醜夫殉葬了，我們則只能說她到死都醋勁大發，為的是「我不能再擁有我的愛人了，但是我要其他女人也永遠不能擁有他」。所以魏醜夫能逃過一命，享受餘年，實際上一方面要拜宣太后的務實所賜，另一方面還要拜宣太后雖然鬥爭不手軟，殺人不眨眼，卻對情人仍保有一份同情心與人情味所致。由此看來，宣太后實在比那些歷史上要嬪妃殉葬的諸多男性帝王高明很多，要自己的女人殉葬的男性帝王，才是徹頭徹尾的冷酷無情。

秦昭襄王四十二年（公元前二六五年）七月，宣太后去世，她綿長而精彩，充滿八卦的一生到此才算走完。四十四年後，她的玄孫秦始皇消滅六國，統一天下。

正是：

大秦天下霸　西北起英雌
床笫堪談政　朝儀可弄姿
四句關隴路　一夕義渠屍
識釋夷然去　慈心耀母獅

史籍原典

《史記・秦本記》

武王謂甘茂曰：「寡人欲容車通三川，窺周室，死不恨矣。」其秋，使甘茂、庶長封伐宜陽。四年，拔宜陽，斬首六萬。涉河，城武遂。魏太子來朝。武王有力好戲，力士任鄙、烏獲、孟說皆至大官。王與孟說舉鼎，絕臏。八月，武王死。族孟說。武王取魏女為后，無子。

《戰國策・韓策二》

楚圍雍氏五月。韓令使者求救於秦，冠蓋相望也，秦師不下殽。韓又令尚靳使秦，謂秦王曰：「韓之於秦也，居為隱蔽，出為雁行。今韓已病矣，秦師不下殽。臣聞之，脣揭者齒寒，願大王之熟計之。」宣太后曰：「使者來者眾矣，獨尚子之言是。」召尚子入。宣后謂尚子曰：「妾事先王也，先王以其髀加妾之身，妾困不支也；盡置其身妾之上，而妾弗重也，何也？以其少有利焉。今佐韓，兵不眾，糧不多，則不足以救韓。夫救韓之危，日費千金，獨不可使妾少有利焉。」

《後漢書・西羌傳》

義渠國亂，秦惠王遣庶長操將兵定之，義渠遂臣於秦。後八年，秦伐義渠，取郁郅。後二年，義渠敗秦師於李伯。明年，秦伐義渠，取徒涇二十五城。及昭王立，義渠王朝秦，遂與昭王母宣太后通，生二子。至王赧四十三年（即秦昭襄王三十五年，公元前二七二年），宣太后誘殺義渠王於甘泉宮，因起兵滅之，始置隴西、北地、上郡焉。

《史記．范睢蔡澤列傳》

范睢日益親，復說用數年矣，因請間說曰：「臣居山東時，聞齊之有田文，不聞其有王也。聞秦之有太后、穰侯、華陽、高陵、涇陽，不聞其有王也。夫擅國之謂王，能利害之謂王，制殺生之威之謂王。今太后擅行不顧，穰侯出使不報，華陽、涇陽等擊斷無諱，高陵進退不請。四貴備而國不危者，未之有也。為此四貴者下，乃所謂無王也。然則權安得不傾，令安得從王出乎？……今自有秩以上至諸大吏，下及王左右，無非相國之人者。見王獨立於朝，臣竊為王恐，萬世之後，有秦國者非王子孫也。」昭王聞之大懼，曰：「善。」於是廢太后，逐穰侯、高陵、華陽、涇陽君於關外。秦王乃拜范睢為相。收穰侯之印，使歸陶，因使縣官給車牛以徒，千乘有餘。到關，關閱其寶器，寶器珍怪多於王室。

《戰國策．秦策二》

秦宣太后愛魏醜夫。太后病將死，出令曰：「為我葬，必以魏子為殉。」魏子患之。庸芮為魏子說太后曰：「以死者為有知乎？」太后曰：「無知也。」曰：「若太后之神靈，明知死者之無知矣，何為空以生所愛，葬於無知之死人哉！若死者有知，先王積怒之日久矣，太后救過不贍，何暇乃私魏醜夫乎？」太后曰：「善。」乃止。

柒

竊國者侯

趙姬與呂不韋；
李園之妹與春申君

從古到今，女人都是男人的穿衣鏡，以她的魔法和甜蜜的力量，把男人變得比真人高大兩倍。

——維琴尼亞．吳爾芙

(Virginia Woolf, 1882 ～ 1941，英國作家，著有《奧蘭多》等書)

◆問題的提出

古語說「竊鉤者誅，竊國者侯」，意思是利用「鉤」、「國」這兩個發音接近的名詞，比對說明在專制政權、嚴刑峻法的時代，偷竊一支鉤子這樣的小東西如果被抓到，都可能被判處死刑；然而偷竊一個國家這樣大的東西，卻會因此晉爵封侯，享盡榮華富貴。由此可見政治陰謀的報酬之大，足以使許多野心家前仆後繼，想盡辦法去嘗試。

中國古代君主專制時期，國家最高領袖的傳承由男性血緣決定。由於「天無二日，國無二主」的觀念，一國之內只能有一個君主，是典型的勝者全拿制，於是爭奪君主之位成為零和競爭，極為激烈。帝王家族之內固然常常因為爭奪王位而反目成仇，即使不屬於帝王家族的野心家，也何嘗不想取帝王之位而代之？

登上帝王寶座固然可以用革命的方式達成，但這種方式必須招兵買馬，在戰場上拼搏，曠日費時而且十分危險。古往今來走上革命之路的人很多，但成功的很少，絕大多數不是戰死沙場，就是綁赴刑場；那麼，如果無論如何都想要得到一個國家，有沒有更簡便、更隱密的方法？

答案顯然是有，只是中間必須透過一個充分合作的美女，而且策劃的野心家本人只能當上宰相，他的兒子則有機會不必經由革命就自然成為帝王，當然，還要運氣夠好。根據《史記》記載，戰國時代就曾有這樣的陰謀成功過，而且是在秦、楚兩個國家幾乎同時發生；於是難免使人好奇：這陰謀究竟如何策劃與執行？又為何在兩國同時發生，並非單一事件？戰國時代有怎樣的背景，才會誘使那些男、女野心家願意冒這樣的險？當然研究這段歷史，我們也必須從另一角度思考：畢竟這種陰謀太過駭人聽聞，有可能並非實情，只是編造出來的故事，如果它們並非歷史事實，則被編造出的部分有多少？《史記》裡如此雷同的兩個故事最初是怎樣產生的？《史記》又為何要將它們記錄下來？

正、反兩面的問題，都等待我們回答。

⊙ 基本資料

依據《戰國策》、《史記》等史料，我們對這兩起事件可以列出下列表格做為基本參考資料。

• 秦、楚竊國事件當事人物關係表

「ⓧ」表示婚姻或性關係，「↓」表示親子關係。

秦國

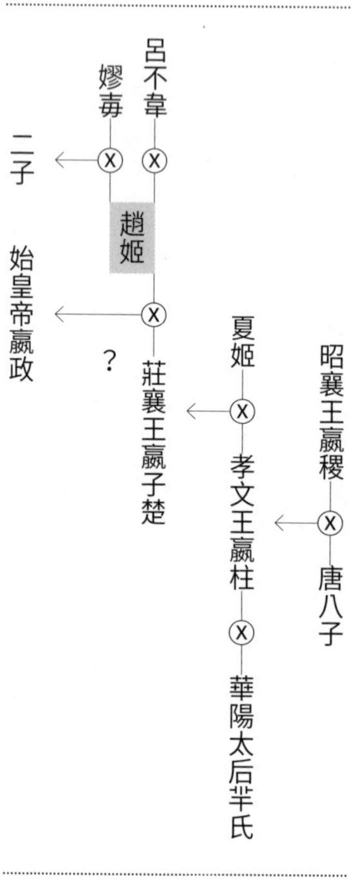

楚國

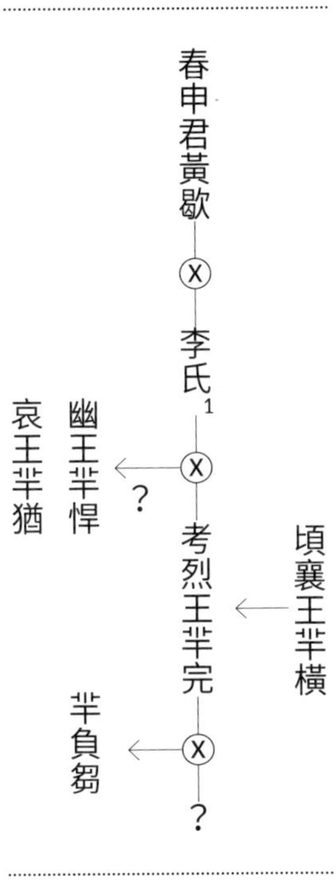

按1｜李園為李氏之兄。

• 秦、楚竊國事件相關大事年表（依《史記》說法）

秦大事	秦紀年	公元前	楚紀年	楚大事
秦破楚，陷郢都。	昭襄王二十九年	二七八年	頃襄王二十一年	楚遷都於陳。
	三十四年	二七三年	二十六年	黃歇使秦，說秦停攻楚，後並奉太子完質於秦。
安國君柱為太子。後安國君之子子楚為質於趙。	四十二年	二六五年	三十四年	
	四十三年	二六四年	三十五年	黃歇教太子逃歸楚，後歇亦被秦放回。
	四十四年	二六三年	三十六年	頃襄王死，考烈王即位。

秦大事	秦紀年	公元前	楚紀年	楚大事
	四十五年	二六二年	考烈王元年	黃歇為相，封春申君。
呂不韋結交嬴子楚，為他謀求成為太子之世子。	四十七年	二六〇年	三年	
秦始皇帝嬴政生於趙。	四十八年	二五九年	四年	
秦圍攻趙都邯鄲不克。嬴子楚、呂不韋逃歸秦。	五十年	二五七年	六年	春申君率兵救趙。
昭襄王死，孝文王即位。趙姬、嬴政返秦。	五十六年	二五一年	十二年	
孝文王死，莊襄王即位。	孝文王元年	二五〇年	十三年	
呂不韋為相，封文信侯。	莊襄王元年	二四九年	十四年	春申君改封於吳。

秦大事	秦紀年	公元前	楚紀年	楚大事
莊襄王死，嬴政即位。太后私通呂不韋。	三年	二四七年	十六年	
（期間呂不韋引嫪毐私通於太后，生二子。）	王政元年	二四六年	十七年	（期間春申君納李園之妹，又獻之於王，生子悍。）
	六年	二四一年	二十二年	五國伐秦敗績，楚遷都壽春。王責春申君。
嫪毐封長信侯。《呂氏春秋》頒布。	八年	二三九年	二十四年	
嫪毐及與太后生之二子被殺。嬴政親政。	九年	二三八年	二十五年	考烈王死，李園殺春申君。幽王即位。
呂不韋免職，遷洛陽。	十年	二三七年	幽王元年	
呂不韋自殺。	十一年	二三六年	二年	

秦大事	秦紀年	公元前	楚紀年	楚大事
進行統一天下戰爭中，已消滅韓、趙。	十九年	二二八年	十年	幽王死，弟哀王立，庶兄負芻殺哀王自立。
滅楚。	二十四年	二二三年	王負芻五年	被秦所滅。
滅齊，統一天下。	二十六年	二二一年		

◆竊國陰謀的理論與實踐

戰國時代，將自己兒子送上下一任帝王寶座的竊國陰謀之所以可行，在於當時實行君主專制政體，每個國王都必須面對確立繼承人的大事。男系世襲的君主拒絕與外人分享政權，因此還沒有兒子的，必須趕快生出兒子做繼承人；兒子眾多的則要在他們之中挑選出繼承人。這種情況造成政治投資與投機的樂園，竊國野心家因而出現。

雖然有背景與誘因，竊國陰謀並不容易進行，更不是人人可做，因為它的條件嚴苛，需要金錢、關係、團隊合作，更需要運氣。這種陰謀進行的方式大概如下：

——第一步：野心家建立與陰謀對象國家帝王或其繼承人的親密關係，對方急於求子則更佳。但開始進行時要能為對方確實立功，有的還必須透過大量金錢的援助，這樣才能取得對方的信任。

——第二步：野心家和一位同謀的美女發生性關係，使她懷孕。

——第三步：在美女懷孕早期尚無法看出時，將她獻給上述的帝王或繼承人。同謀美女從此必須儘可能提升並鞏固自己在後宮的地位。

——第四步：如果運氣夠好，美女生下的是男孩，將成為對象國家的繼承人。

——第五步：如果運氣繼續夠好，這個小男孩能夠順利長大，在名義上的父親死後繼位為帝王，野心家將成為輔佐新帝王的宰相，美女也成為太后，二人的血統從此混進這個國家的王室，竊國成功。

這種條件嚴苛、風險奇高的竊國陰謀一旦成功，報酬當然也極大，大到從此以後自己的子孫可以世世代代掌控一個國家。正是所謂「砍頭的生意有人做，賠錢的生意沒人做」，竊國的生意當然也有人做，還不只一批人做。

中國歷史上戰國時代末期，依照《史記》的記載，我們發現有兩件方法雷同，又幾乎同時出現的這種竊國陰謀，分別由呂不韋、趙姬在秦國進行，與春申君黃歇、李園和李園的妹妹在楚國進行。既然《史記》記載戰國時代這種高風險、高報酬的投機事業已經超過單一個案，則其發生應非偶然，而必然與當時的歷史特色與背景有關，值得研究。

這兩件竊國陰謀的詳情，將以《史記》中〈呂不韋列傳〉與〈春申君列傳〉的原文翻譯成白話文敘述，以避免任何二手轉述或加油添醋。

⊙《史記．呂不韋列傳》白話翻譯（節錄）

呂不韋是陽翟的大商人，往來各地，以低價買進貨物，高價賣出，家產累積到千金。

秦昭王四十年（公元前二六七年），太子去世。昭王四十二年，以第二個兒子安國君為太子。安國君有二十多個兒子。安國君有個極受寵愛的妃子，立她做正夫人，稱為華陽夫人。華陽夫人沒有兒子。安國君有個排行居中的兒子名叫子楚，子楚的母親叫夏姬，不受寵愛。子楚做為秦國的人質被派到趙國。秦國屢次攻打趙國，趙國對子楚不怎麼以禮相待。

子楚是秦王許多庶出的孫子之一，在諸侯國當人質，車馬和日用都不富足，生活困窘，不得意。呂不韋到邯鄲去做生意，見到子楚就喜歡，說：「這是珍奇的貨物，可以屯積。」於是去拜訪子楚，遊說道：

「我能光大你的門庭。」

子楚笑著說：

「你暫且先光大自己的門庭，再來光大我的門庭！」

呂不韋說：

「你不懂，我的門庭得等你的門庭光大了才能光大。」

子楚心知呂不韋話中的意思，就拉他坐在一起深談。呂不韋說：

「秦王老了，安國君會被立為太子。我私下聽說安國君寵愛華陽夫人，華陽夫人沒有兒子，能夠立嗣子的只有華陽夫人。現在你的兄弟有二十多人，你又排行中間，不怎麼受寵，長期被放在諸侯國當人質，假使大王死去，安國君繼位為王，則你也不要指望跟長兄和早晚都在秦王跟前的其他兄弟們爭太子之位啦。」

子楚說：

「是啊，但該怎麼辦呢？」

呂不韋說：

「你很貧困，客居在此，拿不出什麼來奉獻給親長和結交賓客。不韋雖然窮，願意用千金來為你西去秦國遊說，侍奉安國君和華陽夫人，立你為嗣子。」

子楚於是叩頭拜謝，說：

「如果實現您的計畫，願意分秦國和您共有。」

呂不韋於是送五百金給子楚，做為生活和交結賓客之用；又用五百金買珍奇玩物，自己帶著西去秦國遊說，求見華陽夫人的姊姊，把帶來的東西全部獻給華陽夫人，順便談到子楚賢能聰明，結交的諸侯賓客遍布天下，常常說：「子楚把夫人當成天，日夜哭泣思念太子和夫人。」夫人大為高興。呂不韋藉機要華陽夫人的姊姊勸華陽夫人說：

「我聽說用美色侍奉人的，美色衰退，寵愛就減少。現在夫人侍奉太子，甚受寵愛卻沒有兒子，不趁這時候早點自行結交太子的兒子中賢能而孝順的，推舉他為嫡子，而把他當做親生兒子。丈夫在世就受到尊重，丈夫百年之後，自己立的兒子繼位為王，始終也不會失勢，這就是所謂『一句話得到萬世的好處』啊。不在年華正盛時樹立根本，假使等到容貌衰老，失去寵愛後，雖然想說一句話，還有可能嗎？現在子楚賢能，而自己也知道排行居中，按次序不能被立為嫡嗣，他的生母又不受寵愛，才自行投奔依附夫人，夫人果真能在此時提拔他為嫡嗣，您一生在秦國都要受到尊寵啦。」

華陽夫人認為她說得對，趁太子空閒時，委婉地談到在趙國做人質的子楚極為賢能，來往的人都稱讚他。接著就哭著說：

「我有幸填充後宮，不幸沒有兒子，希望能立子楚為嫡嗣，以託付我的終身。」

安國君答應了，就和夫人雕刻玉符，約定以子楚為嫡嗣。安國君和華陽夫人送厚禮給子楚，而請呂不韋當他的老師，子楚因此名聲在諸侯中愈來愈大。

呂不韋娶個絕頂美麗又善於跳舞的邯鄲女子同居，知道她懷了孕。子楚和呂不韋一起喝酒，看到後非常喜歡，就站起來向呂不韋祝酒，請求把此女送給他。呂不韋很生氣，但想到已經為子楚費盡家產，想要釣到奇貨，於是獻出這個女子。此女隱瞞懷孕，到十二個月[2]，生下兒子名政。子楚就立此女為夫人。

按2 ｜原文：「至大期時，生子政」。另譯：超過正常產期；另譯：懷孕滿期。

秦昭王五十年（公元前二五七年），派王齮圍攻邯鄲，情況緊急，趙國想殺死子楚。子楚和呂不韋策畫，拿出六百金送給看守的官吏，得以脫身，逃到秦軍營地，這才得以回國。趙國想殺子楚的妻子和兒子，子楚的夫人是趙國富豪人家的女兒，得以躲藏起來，因此母子竟得活命。秦昭王五十六年（公元前二五一年），去世，太子安國君繼位為王，華陽夫人為王后，子楚為太子。趙國也護送子楚的夫人和兒子嬴政回到秦國。

秦王繼位一年，去世，諡為孝文王。太子子楚繼位，就是莊襄王。莊襄王尊奉為母的華陽王后成為華陽太后，生母夏姬被尊奉為夏太后。莊襄王元年（公元前二四九年），用呂不韋為丞相，封為文信侯，以河南洛陽十萬戶做為他的食邑。

莊襄王在位三年，死去，太子嬴政繼立為王，尊奉呂不韋為相國，稱他為「仲父」。秦王年紀小，太后常常和呂不韋私通。呂不韋家有奴僕萬人……。

秦始皇帝愈來愈長大，太后淫亂不止。呂不韋唯恐事情敗露，災禍降臨自己，就暗中尋求一個陰莖特別大的人嫪毐作門客，不時讓演員歌舞取樂，命嫪毐用他的陰莖穿在桐木車輪上，使之轉動而行，讓太后知道此事，來引誘太后。太后聽說，果然想暗中得到他。呂不韋就進獻嫪毐，假裝讓人告發他犯下該受宮刑的罪。呂不韋又私下對太后說：

「可以讓嫪毒假裝受了宮刑，就可以在供職宮中的人員中得到他。」

太后就偷偷送厚禮給主持宮刑的官吏，假裝處罰嫪毒，拔掉他的鬍鬚假冒宦官，這就得以侍奉太后。太后暗地和他通姦，特別喜愛他。太后懷孕，恐怕別人知道，假稱占卦不吉，需要換個環境來躲避，就遷移到雍地的宮殿居住。嫪毒總是隨從左右，得到的賞賜非常優厚，事情都由嫪毒決定。嫪毒家中有奴僕幾千人。那些為求得官職來當嫪毒家門客的有一千餘人……。

秦始皇九年（公元前二三八年），有人告發嫪毒實際並不是宦官，常常和太后淫亂私通，生下兩個兒子，都隱藏起來，和太后謀議說：「王如果死去，就立這兒子繼位。」於是秦王命法官查辦，把真相全部理清，事情牽連到相國呂不韋。這年九月，把嫪毒家三族人口全部殺死，殺太后所生的兩個兒子，並把太后遷到雍地居住。嫪毒家的食客都被沒收家產，遷往蜀地。秦王想殺掉相國呂不韋，但因他侍奉先王功勞大，又有許多賓客辯士為他遊說求情，秦王不忍心將他繩之以法。

秦王十年十月，罷免相國呂不韋。等到齊人茅焦勸說秦王，秦王遂到雍地迎接太后，回到咸陽，而把呂不韋遣出京城，前往河南的封地居住。

過了一年多，各諸侯國的賓客使者絡繹不絕，去問候文信侯。秦王恐怕他發動叛亂，就送給呂不韋一封信說：

「你對秦國有何功勞？秦國封你在河南，食邑十萬戶。你對秦王有什麼親屬關係而號稱『仲父』？你與家屬都遷到蜀地去居住！」

呂不韋自己想到已經逐漸被逼迫，害怕被殺，就喝下酖酒而死。秦王所痛恨的呂不韋、嫪毐都已死去，就讓遷徙到蜀地的嫪毐門客都回到京城。

秦始皇十九年（公元前二二八年），太后去世，諡號為帝太后，與莊襄王合葬在芷陽。

⊙《史記．春申君列傳》白話翻譯（節錄）

春申君是楚國人，名歇，姓黃。遊學各地，知識廣博，侍奉楚頃襄王。頃襄王認為黃歇有辯才，派他出使秦國。當時秦昭王派白起進攻韓、魏，在華陽擊敗他們，俘虜魏國將軍芒卯，韓、魏臣服，侍奉秦國。秦昭王剛命令白起聯合韓國、魏國一起進攻楚國，尚未出發，楚國使者黃歇恰好來到秦國，聽到秦國的計畫。在這時候，秦國從前已經派白起攻打楚國，奪取巫郡、黔中郡，攻占鄢城、郢都，向東打到竟陵，楚頃襄王向東遷都到陳縣。黃歇看到楚懷王被秦國引誘去訪問，結果受騙，被扣留而死在秦國。頃襄王是懷王的兒子，秦國輕視他，恐怕一旦發兵就會滅掉楚國。黃歇於是上書遊說秦昭王（內容略），昭王說：「好。」於是下令白起停止並辭謝韓、魏兩國。派使臣送給楚國厚禮，約定為友邦。

黃歇接受盟約回到楚國，楚國派黃歇與太子芈完到秦國作人質，秦國扣留他們幾年。楚頃襄王生病，太子不能回國。然而太子與秦國相國應侯交情很好，於是黃歇就遊說應侯說：

「相國真的跟楚太子要好嗎？」

應侯說：

「是。」

黃歇說：

「如今楚王恐怕一病不起，秦國不如歸還他的太子。太子能立為王，他侍奉秦國一定厚重，而感謝相國無窮，這就是對友好國家親善，而又能儲備萬乘大國的友誼。如果不送還他，只是個咸陽城裡的老百姓罷了；楚國改立太子，必定不會侍奉秦國。失去友好國家又斷絕萬乘大國的友誼，不是好策略。希望相國仔細考慮這件事。」

應侯報告秦王。秦王說：

「要楚國太子的師傅先去探問楚王的病情，回來後再研議。」

黃歇替楚國太子謀畫說：

「秦國扣留太子，是想要求取利益。現在太子沒有能力使秦國得到好處，黃歇憂慮得很。而陽文君的兩個兒子在中央，大王如果走完天年，太子不在，陽文君的兒子必定立為繼承人，太子就不能奉祀宗廟了。不如逃出秦國，跟使臣一同出去；臣下請求留下來，用死來擔當責任。」

楚太子於是換衣服，扮成楚國使臣的馬車夫，得以出關。而黃歇留守客館，總是推託太子生病，謝絕訪客。估計太子已經走遠，秦國追不上，黃歇就自動報告秦昭王說：

「楚國太子已經回去，離開很遠了。黃歇應當死，願您賜死。」

秦昭王大怒，要任憑黃歇自殺。應侯說：

「黃歇做為臣子，挺身而出為他的主人殉死，太子立為楚王，必然重用黃歇，所以不如赦免他罪過，放他回去，以此親善楚國。」

秦國因此遣送黃歇回國。

黃歇回到楚國三個月，楚頃襄王去世，太子完立為楚王，就是考烈王。考烈王元年（公元前二六二年），用黃歇當丞相，封為春申君，賞賜淮水以北土地十二個縣。十五年後，黃歇向楚王進言：

「淮北地區靠近齊國，那裡的情勢緊急，請改為郡，治理方便。」

藉此同時獻出淮北十二個縣，請求改封到江東。考烈王答應。春中君就在吳國故都修建城池，做為自己的都邑。

春中君已經擔任楚國丞相，這時齊國有孟嘗君，趙國有平原君，魏國有信陵君，正在爭相禮賢下士，招徠賓客，互相爭奪，輔助君王掌握大權……。

春中君當丞相的第十四年，秦國莊襄王即位，用呂不韋做丞相，封為文信侯。奪取東周。

春中君當丞相的第二十二年，各諸侯國擔憂秦國的攻戰征伐沒有停止之時，就互相「合縱」，向西攻打秦國，而由楚王擔任六國盟約領袖，春中君主辦其事。六國聯軍到達函谷關，秦軍出關攻來，各諸侯國軍隊戰敗逃走。楚考烈王歸罪春申君，春申君因此愈來愈被疏遠。

楚考烈王沒有兒子，春申君為此發愁，尋找宜男之相的婦女進獻給楚王，進獻了不少，始終沒生兒子。趙國人李園帶著他的妹妹來，想要把妹妹進獻給楚王，聽說楚王不宜於生育兒子，恐怕時間長了不能得到寵幸。李園謀求侍奉春申君，成為侍從，不久請假回家，故意延遲返回。回來後拜見春申君，春申君問他遲到的原因，他回答道：

「齊王派使臣來求娶我的妹妹，我跟那個使臣喝酒，所以回來遲了。」

春申君說：

「收下聘禮了嗎？」

李園回答說：

「沒有。」

春申君又問道：

「可以看看嗎？」

李園說：

「可以。」

於是李園就把妹妹獻給春申君，立即得到春申君的寵幸。後來知道他妹妹懷孕，李園就和他妹妹訂下計畫。李園的妹妹找個機會勸春申君說：

「楚王對您的尊重寵信，即使兄弟也不如。如今您擔任楚國丞相二十多年，可是大王沒有兒子，如果楚王壽終之後將要立兄弟，那麼楚國另立國君之後，也將會各自使從前親信的人顯貴起來，您又怎麼能長久保有寵信呢？不僅如此，您地位顯貴，當政多年，對楚王的兄弟們有許多失禮的地方，楚王兄弟果真立為國君，災禍就將降臨到身上，怎麼能保住丞相的印信和江東的封地呢？現在小女子自知已經懷孕，可是別人不知道。我承蒙您寵幸不久，如果真能憑藉您的分量把我進獻給楚王，楚王必定寵幸我；我仰賴上天生個兒子，就是您的兒子做王，楚國全部可以得到，這與您面臨無法預測的罪狀相比，哪樣好呢？」

春申君完全同意，就把李園的妹妹送出來，嚴密安排下住所，向楚王報告。楚王把李園的妹妹召進宮寵幸，就生了兒子，立為太子，以李園的妹妹為王后。楚王器重李園，李園當權管事。

李園把他妹妹送進宮裡，立為王后，生的兒子立為太子，害怕春申君說話中洩漏祕密，就更加驕橫，暗中豢養刺客，想要殺死春申君來滅口，而國都內頗有些人知道。

春申君做宰相的第二十五年，楚考烈王生病。朱英（門客）對春申君說：

「世上有不期而至的福，又有不期而至的禍。現在您處在無法預期的世上，奉事無法預期的君主，又怎麼能沒有不期而至的人呢？」

春申君說：

「什麼是不期而至的福？」

朱英說：

「您擔任楚國宰相二十多年了，雖然名義上是宰相，其實就是楚王。現在楚王生病，死在旦夕，您輔佐年幼的君主，就此代替他掌握國政，像伊尹、周公，君王長大再把政權還給他，不就是您南面稱王而擁有楚國？這就是所謂不期而至的福。」

春申君說：

「什麼是不期而至的禍？」

朱英說：

「李園不執掌國政就是您的仇敵，他不管軍事卻豢養刺客已經很久，楚王去世，李園必定搶先進宮奪權而殺掉您滅口。這就是所謂不期而至的禍。」

春申君說：

「什麼是不期而至的人？」

朱英說：

「您把我放在郎官群裡，楚王去世，李園必定搶先入宮，我替您殺掉李園。這就是所謂不期而至的人。」

春申君說：

「您放下吧。李園是軟弱的人，我又對他很好，又怎麼會到這種地步！」朱英知道自己的話不被採用，怕禍患降臨自身，就逃走了。

十七天後，楚考烈王去世，李園果然搶先入宮，在棘門裡埋伏刺客。春申君進入棘門，李園的刺客從兩側夾住春申君刺死，斬下他的頭，丟到棘門外。同時派官吏把春申君全家殺光。而李園的妹妹原先受春申君寵幸懷孕又入獻給楚王所生的兒子便立為楚王，就是楚幽王。[3]

這年，秦始皇即位已經九年了。嫪毒在秦國作亂，被發覺後，夷滅三族，而呂不韋因此被廢黜。

◆ 戰國時代特色

如果這兩個故事的內容情節，或至少大部分的內容是歷史事實，則戰國那個時代會讓多數人不寒而慄，慶幸自己不是生在當時；卻也會使少數人感嘆自己生不逢辰，沒有機會在那樣的環境下大施拳腳，一展抱負。時光不斷流逝，時代會

按3 ｜以上的敘述，《戰國策・楚策四》也有幾乎完全相同的記載。

改變，新事物會不斷出現；但是歷史仍會不斷重演。在我們的有生之年，並非沒有機會遇到這樣的時代環境，我們能不好好認識這樣的時代環境嗎？

呂不韋與春申君的故事都是極端的故事，不但事件裡相關的男人走極端，相關的女人也走極端，這就造成戰國時代的宮廷中充滿陰謀詭計、殘酷鬥爭與人慾橫流。對於這種狀況，如果我們只是一味從倫理道德的角度指責，將難以發覺其背後的原因，也就無法充分了解其真相，無法發揮學習歷史的功用。想要讓這些歷史有用，就必須深切了解這些戰國時代的宮廷八卦，而那就必須先認識當時的歷史背景。

中國歷史發展到戰國時代（公元前四〇三至前二二一年），進入統一大帝國建立前的陣痛期。在這一百多年裡，春秋時代留下來的諸侯加強兼併，結果只剩七個大國與五個小國存在。各國面積與人口因此都有增加；再配合鐵器的普及與水利技術的發展，透過普遍徵兵的兵役制度與計口授田的小型自耕農經濟制度，各國所能掌控的武力與經濟力隨之大增，戰爭的頻率與規模也同步放大，變得殘酷無比。

政治、經濟、軍事的變革使思想發生變化。戰國時代主流的政治思想，是探討如何富國強兵，進而統一中國，這是當時普遍追求的目標。在七雄並立的政治環境下，競爭趨向極端，導致為達目的不擇手段被視為理所當然，現實主義主導一切。總而言之，戰國時代是個從高度競爭到過度競爭的時代，一切可用的資源都被開發、使用與搾取到極點，包括人在內。在這樣一個時代，各種人與事都很容易走向極端。從呂不韋、春申君與李園的陰謀，甚至謀士朱英的規劃，可以看出戰國時代為目的不擇手段，任何事情都做到極點，絕對理性，也絕對殘酷的一面。

戰國時代國家間毫無道義可言。條約形同具文，同盟國可能一夜之間翻臉成仇，和平轉瞬間可以化為戰爭。國際政治的現實，使各國君主經常在徵求才能之士，也使遊走在各國間的說客、掮客、投機分子與冒險家縱橫排闔，從無間斷地進行各種活動，求取國家或個人的利益。當然，要能使遊說成功或陰謀得逞，見識與口才均不可缺少，在絕對現實的國家決策者面前，分析事理必須言之有物，更要站在對方的立場討論問題，才會得到較好的效果，這就形成戰國時期遊士與說客的特色。

⊙戰國時代的人力市場與政治風氣

戰國時代的背景造成一個特殊的人力供需市場。當時政治領袖會招納並培植可以為他們效勞的聰明才智之士，稱為「養士」；自認為有才能的人，也會找尋可以發揮長才、施展抱負，或使自己脫離貧困，享受榮華富貴的主人投靠，經由為主人效力，得到自己所希望的一切。在這個戰國時代的人力市場上，還沒有近代民族主義的觀念，「楚才晉用」的現象普遍發生，知識階層遊走在各國間更是常態。

秦國的文信侯呂不韋與楚國的春申君黃歇，早年都是戰國時代的社會菁英，都有眼光選擇侍奉深具潛力的主人，又以替主人不辭勞苦，不避危險地努力工作起家，呂不韋投入全部家產，春申君甚至賭上自己的生命，終於努力成功，得到名利雙收的報酬。這種狀況顯示戰國時代的人力市場上，已經確立「專制世襲君主是買方，知識分子是賣方」的基本地位與遊戲規則。此後中國兩千多年間的君臣關係，大致遵循這種規則運轉。

呂不韋與春申君分別在秦、楚兩國任官，距離遙遠，但他們在獲取名、利之外，依照《史記》的記載，幾乎在同時各自推動一個雷同的竊國陰謀，最後自己都慘死，但兒子都當上國王。

呂不韋原是深具聰明才智的大貿易商，家產豐厚，眼光準確，才能結交秦國王族，當上宰相；春申君則是知識分子，膽識兼備，為楚王立下大功，才能長期擔任楚國宰相，擁有廣大封地。如果《史記》記載他們偷渡自己血統進入王室的故事為真，那正好顯示他們雖然位高權重，仍不敢直接推翻國王，只能搞陰謀竊國，希望偷渡自己的兒子將來成為國王。這表示戰國時雖然商業的規模很大，商人賺錢很多，但當時中國社會中，商人的地位不高，只靠權謀與金錢仍不足使眾人心服，從而自己取得王位；知識分子則已經形成「寧可輔佐真命天子取天下，也不願冒身死族滅的風險帶頭革命」的心態，其實可說十分現實，並不浪漫。此因君主奉天承運，世襲繼承的觀念在那時就已經深入人心，至少在中國知識界是難以改變了。春申君不敢取楚王而代之，更驗證了中國傳統君臣關係的面貌。

戰國時期絕對現實的人生觀，不但男性如此，女性亦然。趙姬與李園之妹這兩個竊國陰謀中的女主角，其積極與冷靜絕不下於男主角；趙姬成為秦太后以後的所作所為，更顯示一個經由陰謀與機遇自社會低層上升到統治階級的女性，如何享用政治地位給她帶來的特權。在這點上，她們比起男性的陰謀家絲毫不遜色；趙姬一生的八卦事蹟更自行證明，她果然是個生長在戰國時代的宮廷女性樣板。

⊙虛構的八卦與真實的八卦

由於「呂不韋／趙姬」與「春申君／李園之妹」竊國的事蹟太過戲劇化，質疑的呼聲也隨之而生。

從明朝起，就有人認為呂不韋竊國故事屬於虛構。原因主要在於記載戰國史事較為詳盡的《戰國策》裡，完全沒有記載這個發生在秦國的竊國故事，所以《史記》的說法是「孤證」，不足取信。

近年對這個故事的討論仍然很多，大抵持否定立場，其中日本就實大學人文科學部教授李開元先生的看法甚具參考價值。他在《秦謎：秦始皇的祕密》一書中認為，《史記》裡的這兩個竊國故事都並非真實，因為它們忽略中國傳統宮廷事務的運作狀況。中國宮廷為侍奉帝王后妃與保護皇家血統純正，都有專人負責二十四小時照料帝王后妃的生活，也記下他們的全部作息，其紀錄後代稱為《起居注》。在中國古代宮廷中，后妃懷孕、生產是大事，尤其會謹慎處理，詳盡記載。所以一個已經懷孕的女人即使成為寵妃，其與帝王的性生活、月經、懷孕、生產的時間與狀況等事情，是宮廷內部關注的重大事項，絕對無法全部逃過宮女、宦官、御醫、御廚、產婆與皇家事務官、史官……一干人等的耳目。既然實際上無法擺平相關的每一個人，早經懷孕的事情久後必然穿幫。再者，《史記‧秦始皇本紀》中明白記載：

秦始皇帝者，秦莊襄王子也。莊襄王為秦質子於趙，見呂不韋姬，悅而取之，生始皇。

才是司馬遷正式的說法。至於《史記‧呂不韋列傳》記載趙姬「至大期時，生子（嬴）政」，過去的注解都說「大期」是「一年」或「大於正常懷孕期」，因為唯有這樣，才能將趙姬與李園之妹被獻出前即已懷孕的祕密瞞住。然而《秦謎》一書，則認為「大期」就是「正常時期」。

對於這個問題的爭議，迄今可謂各說各話，始終沒有確切的結論。然而以今日各種學術的發達，想要深入研討這個問題，求得真正答案，我們大可以借助現代學術研究的成果，從婦產科醫學的觀點切入。

醫學上對於妊娠期的定義，係以末次月經（Last Menstrual Period, LMP）的第一天起計算預產期，典型的整個妊娠期共為兩百八十天，分為十個「妊娠月」，每個妊娠月為二十八天。孕婦若在妊娠期內滿三十八至四十二週（兩百六十七至兩百九十四天，約等於受孕三十六至四十週）內分娩，均為「足月分娩」。妊娠期超過四十二週尚未臨產者稱為「過期妊娠」，超過四十二週再分娩的稱為「過期產」。根據統計，進入第四十三週的過期妊娠，發生率大約占所有懷孕的12%，而進入第四十四週的過期妊娠，則約占4%。

明瞭這些後，我們可以用趙姬為例，先假設《史記．呂不韋列傳》的記載為真，並列出對「大期」一詞的三種不同解釋，以此排比她實際的生理狀況與《史記．呂不韋列傳》的敘述，列表比較看看《史記》裡的故事有沒有可能發生，以及對「大期」的三種解釋何者較為合理。表格內生理狀況均取正常值之平均數，並假設趙姬的經期正常有規律，又假設趙姬與呂不韋都以高度效率行事，亦即趙姬在發現月經沒來七天時就告知呂不韋自己懷孕，呂不韋得知後七天就找機會把趙姬獻給嬴子楚，趙姬與嬴子楚二人隨即發生性關係。在如此前提下，可以得出下述表格：

日數	依《史記・呂不韋列傳》所述 趙姬妊娠期實際生理狀況	推斷《史記・呂不韋列傳》 其他各項記載的發生時間
1	末次月經開始來潮	
約4到7	末次月經結束	
約14	排卵	
約14到17	受孕	呂不韋使趙姬受孕
約28	月經未來	
約35	發現已懷孕	趙姬告知呂不韋
約42	開始與子楚發生性關係	呂不韋獻趙姬給子楚
267	進入正常預產期	
280	平均預產期	約此時趙姬生嬴政 (若「大期」意為正常產期)
294	正常預產期結束	

日數	依《史記・呂不韋列傳》所述 趙姬妊娠期實際生理狀況	推斷《史記・呂不韋列傳》 其他各項記載的發生時間
295	進入過產期	
295到301	過產期第一階段：第43週 生產機率為總生產數的12%	趙姬生嬴政 （若「大期」意為過產期）
302到308	過產期第二階段：第44週 生產機率為總生產數的4%	趙姬生嬴政 （若「大期」意為過產期）
354	？	趙姬生嬴政 （若「大期」意為1年，12個月） （中國曆法大月30天，小月29天，30×6＋29×6＝354＝50.57週，尚未考慮閏月）

婦產科醫學也告訴我們，當過產期拖到兩週以上，亦即妊娠期超過三〇八日時，會對胎兒與母親都不利，可能出現的危險包括胎盤功能減退、胎兒窘迫、羊水過少、胎兒吸入胎便的機會增加、巨嬰、肩難產及必須剖腹產的機會上升等。胎兒死亡率在妊娠期四十一週時是四十週時的一點五倍，到四十三週時，上升到二點九倍。[4]

由此不難看出，如果將《史記・呂不韋列傳》原文的「大期」解釋為十二個月，則將成為妊娠期五十週以上，不但發生機率極低，也是對胎兒與孕婦都極為危險的局面。既然在戰國時代的醫療條件下，趙姬生下嬴政後母子均安，趙姬當上太后以後還生過兩個小孩；李園之妹依《史記・楚世家》的記載，也與楚考烈王生過兩個兒子，則她們的健康與生殖能力應該都未在此次懷孕、生產中受損，那麼秦始皇嬴政就不應該是趙姬經過三五四天的妊娠期，在極度危險的狀態下才生的；楚幽王芈悍也不應該是李園之妹在同樣情況下生的。如果說趙姬與李園之妹二人，真的幾乎同時出現懷孕一年的嚴重過產期生產，結果兩對母子都平安，兩個母親還能再懷孕生子，那發生的機率實在太低太低，應該可以依照統計學的處理原則，不予考慮。

按4　|婦產科醫學資料重點來自臺北榮民總醫院婦女醫學部網站。

至於「大期」是否可以解釋為「大於正常懷孕期」，亦即過期妊娠與過期產？就字面意義當然可以；然而依前所述，即使假設趙姬與李園之妹二人都在過產期第一階段，即妊娠期的第四十三週（二九五至三〇一天，即約受孕四十一週）就生產，又都順利生下一個男孩，則此種狀況發生的機率為：

12%×106/206×12%×106/206＝0.381%（近似值）[5]

如果她們之中有任何一個拖到過產期第二階段，即妊娠期的第四十四週（三〇二至三〇八天，即約受孕四十二週）生產，則發生機率將降低到0.127%（近似值）。計算公式為：

12%×106/206×4%×106/206＝0.127%（近似值）

如果她們兩個都是在過產期第二階段，即妊娠期的第四十四週（三〇二至三〇八天，即約受孕四十二週）生產，則發生機率將降低到0.042%（近似值）。計算公式

按5 ｜據醫學統計，自然情況下男嬰與女嬰的出生比率約為一〇六比一〇〇。

為：

4%×106/206×4%×106/206＝0.042%（近似值）

不論是哪種狀況，這樣微乎其微的機率，應該仍然可以不予考慮。所以《史記》裡「大期」這兩個字，解釋為「正常時期」比較合理。

如此一來，《史記》裡兩個偷渡血統的竊國八卦，就是以虛構八卦的可能性較大，所以秦始皇（公元前二四七至前二二一年在位為秦王，前二二〇至前二一〇年在位為秦始皇帝）應該是秦莊襄王（公元前二五〇至前二四七年在位）的兒子，楚幽王（公元前二三八至前二二八年在位）應該是楚考烈王（公元前二六二至前二三八年在位）的兒子。

既然如此，我們就必須回答這兩個虛構八卦產生的原因，以及虛構的部分究竟有多少。

近年的歷史研究認為，戰國時秦、楚二國後宮中都有分派鬥爭的現象。宮廷女性與她們在朝廷中的親屬分成不同派系，互相爭鬥，目的在爭取己方生出的王子繼承王位，此後並可藉此形成外戚統治集團，名利權勢通收。派系的分別在於太后、王后或太子之母出身國家的不同，例如以秦國宮廷來說，秦惠文王、武王至昭襄王初年間，前述的宣太后、昭襄王后娶媳出身楚國，屬於楚國派；被楚國派鬥倒的惠文王后、武王后娶媳則出身魏國，屬於魏國派。到趙姬成為莊襄王的王后、秦王嬴政的太后時，她和呂不韋屬於趙國派。

這種宮廷分派鬥爭中各方往往不擇手段，以造謠方式抹黑對方，其中質疑對方的血統來源，更是中國古代「宮鬥」的慣用手法。此外，戰國末年秦國要消滅楚國，楚國還有爭王位的內亂，秦朝時許多人要反秦革命，以當時鬥爭手段的無所不用其極，為打擊對手威信，很有可能製造出對方統治者來路不正的故事做為政治宣傳，實施政治作戰。這些謠言故事當然是最吸引人的八卦，於是一直流傳到漢朝。司馬遷是西漢史官，面臨秦始皇焚書後史籍殘缺的基本環境，考證史實困難，所以把僅存的不同說法都記錄下來，以備後世採擇，也就是《史記》中會出現這兩個故事的原因。

至於楚國的虛構竊國八卦之所以會出現，還多一種來自內部的可能性。原來《史記．楚世家》中說楚考烈王死後，李園之妹生的兒子芈悍繼位，是為楚幽王；楚幽王十年後死去，他的同母弟芈猶繼位，是為楚哀王（公元前二二八年在位），哀王即位兩個多月，其庶兄芈負芻的手下殺死哀王，擁立芈負芻為王（公元前二二八至前二二三年在位）。如果《史記．楚世家》的說法正確，則楚考烈王至少有三個兒子，而且出於兩個不同的母親，實在難以說他生不出兒子。所以春申君獻李園之妹以竊國的故事，也有可能是楚幽王死後楚國的內亂中，羋負芻和他的手下炮製出來的八卦，用以指控幽王、哀王兄弟的來路不正，血統成問題，宣揚自己才是羋姓王族的正統，以進行政治作戰。這種情況若為真，則正好又多了一個案例，足以證明戰國時代的政治鬥爭是如何為目的不擇手段。

研討至此，我們應該可以認定，呂不韋、春申君獻女竊國的八卦中，兩位八卦女主角趙姬、李園之妹懷孕後才被進獻的部分，應非歷史事實；但是歷史上確實有過這兩個女人，還有過呂不韋、秦莊襄王、秦始皇、嫪毐、春申君、李園、楚考烈王、楚幽王，則任何史家都不會否認。所以我們讀這段歷史，只要把《史記》裡兩個故事「趙姬、李園之妹事先懷孕」的部分抽離，其餘的就是較為符合當時實情的真實八卦了。讀者諸君不妨自行試驗一下，它們照樣八卦得厲害。

除非，除非……在無法準確驗孕的戰國時代，趙姬、李氏這兩位女士，都明知自己並未懷孕，卻不約而同地向自己的主人呂不韋、春申君報告假消息，聲稱自己懷孕，呂不韋、春申君也都上當，自以為執行竊國計策的機會到來，而將「剛有身孕」的小妾奉獻給「奇貨可居」的投資對象。於是，在秦莊襄王、楚考烈王和秦、楚二國宮中人等的眼中，趙姬、李氏的懷孕、生產完全正常；而在呂不韋、春申君甚至後代史家司馬遷的眼中，趙姬、李氏的懷孕、生產當然是過期了……。

戰國時代的女性，真會大膽、厲害到這種地步嗎？您認為呢？

正是：

神州世界幾人撈　何必沙場戟劍刀
紅袖色堪贏鳳冠　青衫智可取龍袍
房幃密計春情滿　宮殿陰謀賭注高
秦楚雷同皆竊國　江湖滿地浪滔滔

春秋戰國時代的宮廷女性真容介紹至此，告一段落。作者浸沉在二千多年前帝王權貴家庭的愛與恨之中幾個月，終於完成這本書。在儲存文檔之際，感觸良多，果然發現世界上芸芸眾生，千古無異，而油然生出連串感嘆：歲月無常，情海無止，慾海無涯，錢海無際，權海無岸，恨海無盡，苦海無邊……。

後記

女人心，海底針。——中國諺語

一半的世人都不知道另一半的世人如何生活。

——拉伯雷（François Rabelais，約 1493 ～ 1553 年，法國文藝復興時代作家）

我是男人，居然不以東、西方先哲的經驗與智慧為意，寫出一本以女性為主題的普及歷史書，完稿之際，自己都覺得有些難以想像。這本書，其來有自。

幾年前，臺北基督教女青年會（YWCA）約我開一門歷史課。我想在這裡開課，不妨講一些中國宮廷女性的事蹟，於是著手編製講義。選擇題材時，面對幾千年中無數的宮廷女性，曾經為選哪幾位來講考慮再三。最後想到中國宮廷文化不是一天造成的，講述宮廷女性，就應該從源頭說起。由於中國宮廷制度在周朝已具規模，而從東周以後，又有《左傳》等書做為基本資料，因此決定課程內容從介紹春秋戰國時代的宮廷女性開始。課程結束後，餘韻猶存，有時再想想這些兩千多年前的中國宮廷女性，愈想愈有意思，於是設身處地，從她們的立場出發，設法以她們的眼光看當時的環境，深入思索，結果發現，一片新穎的歷史景觀出現在我眼前。

從此以後，我開始修訂原來的講義，補充資料，加深考證與探討，幾年下來，終於得以累積成七篇春秋戰國時代的宮廷女性傳記，集結成這本書。

感謝臺北基督教女青年會的工作同仁，各位是這本書的原始推手。感謝時報出版公司第四編輯部由四位女士組成的團隊，你們一貫的工作精神與效率，是本書順利完成的保證；尤其各位看過稿子後，決定出版這本書，讓這些我筆下兩千多年前的中國宮廷女性重見天日，就我的認知，代表身為女性的各位同意，我描繪出的那些古代女性容顏應該並未離譜，這對我是重大的肯定與鼓勵。感謝張系國先生，您在創作偉大的中文科幻小說之餘，編譯出《世界沙豬語錄．附錄反制沙豬金言》一書，啟發我良多。您在大作中蒐集並譯出大量西方古往今來有關兩性議題的名言，更使我得以在本書各篇引用，有畫龍點睛之妙。或許您與我都是僅有兩個女兒的父親，有些共同的背景與經驗，使我們殊途同歸，關注及此？

黃河滔滔，長江浩浩，幾千年的東逝水固然淘盡多少英雄才子，卻也同時淘盡多少英雌紅顏。中國歷史的敘述若希望能夠真正周延與普及，就必須找回歷史長河中另一半人口的真容。我雖然不屬於這另一半人口，卻已經對此有所體認，這本書就是我在體認之後，盡的一份小小心力。

葉言都 於庚子夏

作家作品集 0093

愛恨帝王家：中國古代宮廷女性的愛慾情仇——春秋戰國篇

作　　者—葉言都
主　　編—沈維君
封面暨內頁設計—江孟達
企　　劃—金多誠
內頁排版—立全電腦印前排版有限公司

總 編 輯—曾文娟
董 事 長—趙政岷
出 版 者—時報文化出版企業股份有限公司
一〇八〇一九 台北市和平西路三段二四〇號七樓
發行專線—（〇二）二三〇六六八四二
讀者服務專線—〇八〇〇二三一七〇五
（〇二）二三〇四七一〇三
讀者服務傳真—（〇二）二三〇四六八五八
郵撥—一九三四四七二四時報文化出版公司
信箱—一〇八九九臺北華江橋郵局第九九信箱

時報悅讀網—http://www.readingtimes.com.tw
時報文化臉書—https://www.facebook.com/readingtimes.fans
法律顧問—理律法律事務所 陳長文律師、李念祖律師
印　　刷—勁達印刷有限公司
初版一刷—二〇二〇年六月十二日
定　　價—新台幣三三〇元

愛恨帝王家：中國古代宮廷女性的愛慾情仇．春秋戰國篇／葉言都著．-- 初版．-- 臺北市：時報文化，2020.06
面；　公分．--（作家作品集；93）
ISBN 978-957-13-8207-4（平裝）

1.春秋戰國時代 2.通俗史話 3.女性

621.6　　109006152

ISBN 978-957-13-8207-4（平裝）
Printed in Taiwan